よくわかる！
保育士エクササイズ

8

子どもの理解と援助
演習ブック

松本峰雄 監修

伊藤雄一郎/小山朝子/佐藤信雄/澁谷美枝子/増南太志/村松良太 著

ミネルヴァ書房

はじめに

　保育を取り巻く社会情勢の変化、「保育所保育指針」の改定などを踏まえ、より実践力のある保育士の養成に向けて、保育士養成課程を構成する教科目（教授内容等）が見直され、2017（平成29）年3月31日に告示され、2019（令和元）年度より適用されました。

　見直しの方向性は、子どもの育ちや家庭支援の充実を期すため、保育の専門性を生かした子ども家庭支援に関する教科目の内容の再編・充実を図るというもので、改正前の保育の心理学Ⅱ（演習1単位）が、新たに「子どもの理解と援助」（演習1単位）になりました。その目標は、以下の通りです。

1. 保育実践において、実態に応じた子ども一人一人の心身の発達や学びを把握することの意義について理解する。
2. 子どもの体験や学びの過程において子どもを理解する上での基本的な考え方を理解する。
3. 子どもを理解するための具体的な方法を理解する。
4. 子どもの理解に基づく保育士の援助や態度の基本について理解する。

　本書の特徴は、「子どもの理解と援助」をはじめて学ぶ学生にも理解できるような文章表現にしました。すなわち、論文的な表現ではなく、学生の目線で著しているということです。文章表現はできるだけやさしく、難しい専門用語には解説を加え、また、理解が進むように図表や事例をあげ、さらに、それぞれのコマの最後に演習課題を設け、より一層各コマの理解、すなわち難解とされる専門用語も含めたすべての内容を理解できるように編集しました。

　ぜひこの機会に本書で学び、すばらしい保育者を目指してください。

2020年12月

松本峰雄

CONTENTS

第**3**章

子どもを理解する方法

第4章
子どもの理解に基づく発達援助

本テキストは「指定保育士養成施設の指定及び運営の基準について」（平成15年12月9日付雇児発第1209001号、最新改正子発0427第3号）に準拠し、「子どもの理解と援助」に対応する形で目次を構成している。

本書の使い方
❶まず、「今日のポイント」でこのコマで学ぶことの要点を確認しましょう。

❷本文横には書き込みやすいよう罫線が引いてあります。授業中気になったことなどを書きましょう。

❸重要語句やプラスワンは必ずチェックしましょう。

❹授業のポイントになることや、表、グラフをみて理解してほしいことなどについて、先生のキャラクターがセリフでサポートしています。チェックしましょう。

❺おさらいテストで、このコマで学んだことを復習しましょう。おさらいテストの解答は、最初のページの「今日のポイント」で確認できます。

❻演習課題は、授業のペースにしたがって進めていきましょう。一部の課題については巻末に答えがついていますが、あくまで解答の一例です。自分で考える際の参考にしましょう。

第1章

||||||||||||||||||||||||||||||||||||||||||||||||||||||||||||||||

子どもの実態に応じた発達や学びの把握

この章ではまず、子ども理解とは何かについて学んでいきます。
その手がかりとして、子どもの発達や、「保育所保育指針」における
養護と教育について理解していきましょう。
また、一人ひとりの子どもを理解するためには、共感的に理解することが大切です。
その方法について押さえていきましょう。

保育における
子ども理解の意義

今日のポイント

1 発達を知ることが保育の出発点である。

2 保育所等での学びとは、遊びや環境を通して総合的に学ぶものである。

3 子どもたちの発達に応じて、必要とされる援助の質は少しずつ変わる。

1 子どもが発達するということ

1 子どもの発達理解から保育へ

　皆さんは、自分が子どもだったころのことを覚えていますか？　家や保育所、幼稚園などで家族や先生と過ごしているなかで「あんなことがあった」「こんなふうに思った」「本当は嫌だったけどいいよと言った」など、いくつかの印象的な場面のことが思い出されるかもしれません。

　しかし多くの人は、小学校より前の自分のことは、あまりくわしく覚えていません。もし、保育所の先生に叱られたときの気持ちや、なぜわざと意地悪をしたのかなどを大人になった今でもはっきりと覚えているならば、子どもの不思議な行動やこだわりを想像することができるでしょう。しかし実際には「小さい子どもだったころの自分」を思い出して子どもを理解することは、なかなか難しいのです。だからこそ、保育者を目指す皆さんは、子どもの心理について学ぶ必要があるのです。

　保育士養成課程では、心理学に関連する科目として、「保育の心理学」「子どもの理解と援助」「子ども家庭支援の心理学」があります。「保育の心理学」では、講義を通して子どもの発達や学びを理解していきます。発達心理学や教育心理学の知識を得ることで、子どもの行動の意味を理解し、子どもの発達に沿った援助ができるようになることを目指す科目です。一方で、実際に保育者として一人ひとりの子どもとどう関わるのか、また、保育所等*、幼稚園における子どもたち同士の関係を踏まえた関わり方については、本テキストの科目「子どもの理解と援助」と「子ども家庭支援の心理学」で学んでいきます。

　またこれらの心理学に関する科目では、子どもの発達に関する知識を学ぶだけでなく、常に「保育の現場」を頭におき、「現場で生かす」ために必要なことを学びます。「子どもの理解と援助」では、演習を通して、自

分の考えを発表したりほかの人の考えを知ったりして、同じ事例についても人によってさまざまな見方、とらえ方があることや、「もしそれに気づいていたら異なった対応をしていたかもしれない」などと感じることが大切です。そのようなことを通して、保育の現場に沿った知識を少しずつ積み重ねていきましょう。

「保育に正解はない」という言葉をよく耳にします。保育の現場では、毎日子どもたちと生活をともにし、子どもと関わりながらとっさの判断が求められます。あとから「あれでよかったのかな？」と思うような対応をしたとしても、それで終わりではなく、そのあとに修正しながら関わりを続けることができます。また、その振り返りが次の保育につながっていきます。

保育実践は、子ども理解から出発し、計画（デザイン）、実践、そして省察により新たな保育実践へという循環的な過程である「PDCAサイクル」と呼ばれる流れが必要とされています（➡ 2コマ目を参照）。

一人ひとりの子どもの発達の状況に沿って「子どもの最善の利益」を考えて臨機応変に対応し、自分の対応についての振り返りを次の保育に生かすことが大切です。

2　発達の理解と保育における支援

皆さんは、「発達」という言葉を聞いてどのようなことを思い浮かべるでしょうか。また、どのようなイメージをもっていますか？　たとえば、「となりのおばあちゃんは、最近は昼ご飯を食べたことも忘れてしまうようになって、またずいぶん発達したね」と聞くと、違和感を覚える人が多いでしょう。

しかし心理学では、発達とは「受精から死に至るまでの人の心身の量的および質的変化・変容」（新井邦二郎編著『図でわかる発達心理学』福村出版、1997年、10頁）を指します。成人期早期までの上昇的な変化だけでなく生涯にわたる機能・構造の変化を「発達」ととらえる生涯発達の考え方が一般的であり、その考え方に基づけば実はおばあちゃんも日々「発達」しています。

どちらも「発達」している

なお、子どもについては、「太郎ちゃん、ちょっと見ない間にずいぶん背も伸びたし成長したね」など、「成長」という言葉を使うこともあります。成長と発達の違いは「成長が数字で表せる特徴の変化（たとえば身長）を指すことが多いのに対して、発達は新たな機能の獲得など質的な変化（たとえば言語獲得）を指すことが多い」（秋田喜代美監修『保育学用語辞典』中央法規出版、2019年、57頁）とされています。しかし、一般的には「弟におもちゃをとられてもがまんできるし、きちんとあいさつができて、成長したね」など、質的な変化に成長を感じることもあり、発達も成長もともに、「人間の誕生から死に至るまでの心身の変化」を指した言葉ととらえるのがわかりやすいといえます。

3　子ども一人ひとりへの理解

①「気になる子ども」への理解

「気になる子ども」という言葉を聞いたことがあるでしょうか。この言葉は、発達障害に近い意味合いで、2000年を過ぎたころから保育の現場や保育に関する本などで、使われるようになりました。たとえば、ほかの子どもと一緒に遊ぶ場面や集団で行動する場面で、協調することが苦手な子どもなど、保育者の側から見て「気になる」子どもを指した言葉です。

保育現場における「気になる子ども」の典型的な行動として、心理学者の沼山博は、次の5つをあげています。

> ①非常に落ち着きがない（じっとしていられない、保育室を飛び出す）
> ②感情のコントロールができない（衝動性、興奮するとなかなかおさまらない）
> ③対人関係のトラブルが多い（けんか、乱暴、悪口、自己主張やこだわりが強い）
> ④集団活動に適応・順応できない（友だちと同じ行動ができない）
> ⑤ルールを守れない（順番を守れない、自分が常に一番になりたい）
> 出典：沼山博・三浦主博編著『子どもとかかわる人のための心理学　発達心理学、保育の心理学への扉』萌文書林、2013年、148頁

「気になる」行動の原因としては、発達上の遅れや言語コミュニケーション力の不足、注意欠如・多動症（ADHD)*や自閉スペクトラム症（ASD)*、家庭環境など、多様な要因が考えられます。

家庭ではきょうだいや家族だけと過ごすのに対し、保育所等では複数の人やほかの子に合わせて集団で行動することが必要になります。そのため、家庭では「気にならない」子どもに、保育の場で「気になる」行動が見られることも多くあります。

「気になる子ども」に対しては、その原因を理解することが大切です。たとえば、「ルールが守れない」から「気になる」子どもの行動の原因には、「ルール理解の不足・衝動性の高さ」があり、支援のポイントとして、①ルールを見える形で示す、②どうしたらよいのか具体的に教える、などが有効

重要語句

注意欠如・多動症（ADHD）

→年齢または発達水準に不相応な不注意と、多動・衝動性を特徴とする行動の障害で、日常生活や学習に支障をきたす状態。

自閉スペクトラム症（ASD）

→「臨機応変な対人関係が苦手」「自分の関心、やり方、ペースの維持を最優先させたいという本能的志向が強いこと」という2つの心理的・行動的な特性（『保育学用語辞典』）。

です。

　以上のように、「気になる」行動の原因を把握することは、対応を考えるために必要というだけではありません。「Aちゃんはこんなことするからダメ」でなく、「Aちゃんはこんな理由があるから○○しちゃうんだね」と考えれば、気になる行動をする子どもを共感的に受け止めることができ、その子どもを否定したり非難したりすることを避けることにつながります。

　また、対応については、「こうしたらうまくいった」という現場の経験を保育者同士で共有し記録に残すことにより、「○○なときはこうする」「□□な子はこうする」というように、単なる一つの事例から一般化された対応策として今後も生かしていくことができます。「気になる子ども」への理解を深めて、動きやすい環境・わかりやすい指示を工夫することは、すべての子どもへの理解や配慮にもつながります。

②保育所等における子どもへの理解

　元幼稚園教諭で現在は大学で保育者の養成をしている加藤繁美は、「発達する子どもたち」の姿について、「驚きや発見、感動や共感、矛盾や葛藤といった感情と共に、周囲に広がる自然に驚き、不思議がり、さまざまな発見を繰り返す過程で、自分にとって『かけがえのない物語』を創り出す」と表現したうえで、「おかあさん　へびは　どこから　しっぽなの」と質問する姿や、お母さんに叱られたときに「さっきは　やさしいひとだったのにな」などと言う姿など、子どもならではのものの見方や感じ方を具体的に紹介しています（加藤繁美『0歳〜6歳心の育ちと対話する保育の本』学研、2012年）。さらに、「子どもを育てるということは、子どものなかに生きる喜びと希望を育てること」であると述べ、子どもとの対話の重要さにもふれています。

　子どもと日常生活をともにする保育者だからこそ、大勢の子どもたちが一緒に過ごす保育所等だからこそ、知ることができる一人ひとりの子どもの姿を、ありのままに受け止めることを大切にしてください。一人ひとりの子どもを理解するには、そのときそのときにしか見られない「子どもの育ち」と対話することが何より大切です。さらに、子どもたちの疑問や感動をどのように受け止めて関わっていくのかを考えることは、保育者としての自分自身の保育観に気づくきっかけにもなります。

2　保育における子どもの学び

1　乳幼児期の学び

　「読み書きそろばん」という言葉があります。これは、昔から言われる言葉で、学校で勉強して身につけるものを指します。こういった勉強で身につく知識や論理的思考力は、「認知的な能力」と呼ばれ、子どものころから学ぶことが必要です。

　しかし、それだけでは大人になって社会に適応して生きていくことはで

きません。たとえば、自分で工夫してコツコツ努力すること、うまくいかなくてもあきらめないでやり続けること、ほかの人と協力して物事に取り組むこと、なども必要です。そのためには、「自分を信じてがんばる」「感情をコントロールする」「ほかの人の気持ちを理解しコミュニケーションをとる」というようなことができなくてはなりません。これらの力を、経済協力開発機構（OECD）は「社会情動的スキル」と呼び、環境の変化によって強化できるとしました。日本では文部省（当時）が1996年に提唱した「生きる力」において、より具体的に示されています。

　こうしたスキルが求められるようになるなか、2017（平成29）年には「幼児期の終わりまでに育ってほしい姿」が教育・保育施設（保育所・幼稚園・認定こども園）で目指す共通の目標として示されました。「幼児期の終わりまでに育ってほしい姿」とは、高度な情報化により社会が変化していくなかで、今の子どもたちが大人になるころにも通用するような力の基礎を育むためのもので、上記でとりあげた「社会情動的スキル」と深い関係をもちます。具体的には、自立心や協同性、道徳性・規範意識の芽生えなどが提示され、これらは**非認知的能力**と呼ばれます。これからの保育者には、「幼児期の終わりまでに育ってほしい姿」を意識して保育することが求められます。

　では、どうすれば「幼児期の終わりまでに育ってほしい姿」を身につけることができるのでしょうか。保育所等や幼稚園で行われる製作・ゲームなどの活動は、一つの活動に複数の領域のねらいが含まれているという特徴があります。つまり、遊びを通して、環境を通して、「総合的に学ぶ」のです。たとえば、積み木遊びでは、自分がつくりたいものを工夫しながらつくり、うまくいかなくてもあきらめずにやり続け、できたときの達成感を味わって自信をつけることが、次に何かをやろうとする意欲につながります。お店やさんごっこでは、友だちとお互いのやりたいことやイメージを言葉で伝え合い、共感したり葛藤したりしながら、道徳性・規範意識の芽生えを身につけていきます。

　また、乳幼児期の子どもは、遊びや日常生活のなかでの経験を通してさまざまなことを学んでいきます。そのためには、安心できる環境で心身が安定し、まわりの大人との応答的なやりとりをすることが必要です。このことが「自分にはできる」という自尊感情を育み、「やってみよう」という自発的な意欲（主体性）につながります。2017年の「保育所保育指針」の改定で、養護（生命の保持及び情緒の安定）の重要性、つまり「養護があってはじめて乳幼児の保育は成り立つ」ことが改めて示されました。保育者自身も、指示や禁止ではなく、おだやかで心地よい応答や共感する言葉で、子どもが安心できるような人的環境となるよう努めましょう。

2 子どもをみる力と保育・教育
①褒め育てとは
　「褒め育て」という言葉があります。乳児期には褒める関わりは比較的容易ですが、子どもの年齢が上がるにしたがって、できて当たり前なこと

プラスワン

非認知的能力
ヘックマン（2017）は、「就学前の教育がその後の人生に大きな影響を与える」「就学前の教育で重要なのはIQに代表される認知能力だけでなく、忍耐力、協調性、計画力といった非認知的能力も重要」としている。ヘックマンは、ペリー就学前プロジェクトを実施して追跡調査を行い、10歳の時点ではプロジェクトを実施した子どもと実施しなかった子どもの間にIQの差が確認されなかったものの、40歳になった時点で就学前教育を受けたグループの方が、高校卒業率・持ち家率・平均所得が高く、逮捕者率が低いという結果を報告している。

「幼児期の終わりまでに育ってほしい姿」については、2コマ目でくわしく学習します。

が増えるため褒め言葉は減っていき、叱ることのほうが多くなりがちです。子どものやる気を引き出すように褒めることは、意外に難しいことなのです。

　そもそも、褒めるとはどのようなことなのでしょうか。教育学者の黒澤俊二は、「褒める」ことには3つの節目があると言っています。①ある人がある人の行為のなかに、何かよいことを見たり聞いたりしたときに、そのよさを「よし」としたり「よい」と『認める』、②認めたものを『取り上げる』。その行為のなかに具体的なよさ、つまり「すばらしい」「すごい」「すてき」なことが明確になるように示す、③そのよさを「励まし」たり「ことば」でもちあげたりして、『勧める』の3つです。つまり、人を褒めるときには、よさを『認め』、具体的によい点を『取り上げ』、今後もそうしてほしいと『勧める』わけです。

　具体的にはどのようにすればよいでしょうか。たとえば、製作が終わったあと、先生に指示されていないのに机の上に残っていた紙くずやのりを片付けたAちゃんに、保育者が「ありがとう。机がきれいになってみんなが気持ちいいね」と声をかけます。そうすることで、Aちゃんはうれしいし、ほかの子どもも片付けのもつ意味や皆のためになる行為のよさを知り、次の機会に自分も片付けようという気持ちになります。

　また、褒めることは自己肯定感につながります。子どもは、褒められることで自分のしたことをほかの人が認めてくれたと感じ、また褒められたことでその人を信頼するようになります。褒められることで、何をすれば人が喜んでくれるかがわかるようになり、自己肯定感が育っていきます。ただし、何でも褒めるのではほかの人からの評価に敏感になるだけなので、その子らしさ、その子の育ちを認めて、「Bちゃんのお花の絵は、いろんな色があってとてもきれいだね」など、何がよいのかを具体的に伝えましょう。また、3歳未満児には、褒めるだけでなく手を握ったりスキンシップをとることで安心感が伝わります。さらに、褒めるときには、人と比べるような評価ではなく、たとえば、「お手伝いしてくれてうれしいな」など、保育者の気持ちを伝えることが大切です。

②願いとねらい

　保育や教育には、子どもにこのようになってほしいという目標や思いがあります。「ねらい」と呼ばれる「これをわかってほしい、できるようにさせたい、体験させたい」という目の前の目標はもちろんですが、「願い」と呼ばれる「少しずつこういうことが子どものなかで育っていってほしい、深まってほしい」という長期的な目標も、なくてはならないものです。

　そして、子どもたちがどのように目標を達成できているかをとらえることが必要です。目の前の目標は、「友だちにおもちゃを貸す」など具体的な行動として見えやすいのですが、その土台になる「自分以外の人の気持ちを理解する」「協同性」などの長期的な目標の発達が必要です。この構造を、心理学者の鹿毛雅治は海に浮かぶ「氷山」にたとえ、テストで測ったり数字で表したりできない「見えにくい力」で、「みとる」（教育的に重要な出来事とそれへの解釈を教師自身の目だけを頼りにつかみ取ること）

プラスワン

人的環境

環境は、人的環境、物的環境、自然環境、社会的環境の4つに分類される。人的環境とは、家族はもちろんのこと、通園している園の保育者や職員、同じクラスの友だち、地域の人々や近所の友だちなど、子どもと関わるすべての人々を指す。
→ 5コマ目を参照

1コマ目　保育における子ども理解の意義

という、高次な方法による把握も必要だとしています（鹿毛雅治・奈須正裕編著『学ぶこと・教えること──学校教育の心理学』金子書房、1997年、133、142頁）。たとえば、Ｃちゃんが昨日までは、友だちがおもちゃを「貸して」と言っても背中を向けていたとします。今日は、実際にはおもちゃを貸さなかったけれど、友だちの表情を見て、「どうしようかな？」と困った表情をしたとしたら、Ｃちゃんには長期的目標が少しずつ育ってきているということがわかります。このとき、保育者がＣちゃんの「見えにくい成長」に気づき、見守ったり、さりげない声かけをしたりすることが、子どもの発達を促すことにつながります。

　以上のように保育者には、「保育所保育指針」で示されている「ねらい及び内容」が一人ひとりの子どもにどのように達成されているか、日々の保育を通して「みとる」ことが求められています。この「みとる」ということをするためには、①年齢によって子どもはこのように発達していくという「平均的な発達に関する知識」──発達の原理原則・法則を知っていること、②目の前の一人ひとりの子どもの個性の理解──そのときその場の気持ちや思いを感じ取る力の両方が必要です。

　日々の保育のなかで、Ｄちゃんはいつもはお絵描きが好きなのになぜ今日は描こうとしないのか、Ｅちゃんは皆と一緒の活動が好きなのになぜ運動会の練習に参加しようとしないのかなど、子どもの行動の理由がわからないことがあります。その場ですぐによい解決策があるとは限りません。子ども自身も、困ったり迷ったりしています。そのようなときには、子どもの様子をよく見ながら「どうしたの？」と声をかけ、一緒に立ち止まって寄り添い、子どもが前に進むのを待つことが大切です。また、ときには何もしないで見守っていることが正解である場合もあります。

 3 子ども理解と保育実践

1 子ども観と保育観

　「子どもは小さな大人ではない」という言葉があります。中世まで子どもは「小さな大人」として幼いころから働き手とされてきました。しかし、近代になり産業構造も家族の生活も変化し、何より医学・衛生が進歩して子どもを少なく産んで大切に育てるようになりました。

　ルソー*は『エミール』のなかで、「大人になる前に子どもがどういうものであるか」を探求し、誕生から成人するまでを4つの時期に分けてそれぞれの時期にふさわしい教育方法について書いています。子どもは生まれたときには「よい」存在であり、「教え込む」のではなく、子ども特有の存在の仕方に基づいて育てること、乳幼児期の子どもには心身の自由な活動を保障することが大切だと説いています。ロック*は、子どもは生まれたときは何も書きこまれていない「白紙」だとして教育の可能性を唱えました。その後、子どもを自ら伸びていく植物のイメージでとらえ、

ルソー
Reusseau, J, J.
1712～1778
スイスの著作家。子どもの経験を重視した。保育・教育・社会・政治と幅広い分野で活躍した。

ロック
Locke, J.
1632～1704
イギリスの哲学者。経験論哲学を提唱し、「感覚」と「内省」を重視した『教育に関する考察』を著した。

「子どもの庭」（キンダーガルテン）をつくったフレーベルや、子どもの発達段階に細かく合わせた「モンテッソーリ教具」を使い実際の生活の練習も保育の課題としたモンテッソーリ、子どもの直観を大切したペスタロッチにつながっていきます。

　日本では、倉橋惣三＊の子どもの自発的活動の基本を遊びとし、子ども自身（個人）の自発性を活動の出発点とした思想が幼児教育の基本となっていきました。倉橋は、『育ての心　上』（フレーベル館、1976年）で「自ら育つものを育てようとする心。それが育ての心である。世にこんな楽しい心があろうか。それは明るい世界である。温かい世界である。育つものと育てるものとが、互いの結びつきに於て相楽しんでいる心である」（3頁）と、子どもを育てる楽しみを表しています。

　子どもをどのような存在だと考えるかによって、どのような保育や教育がふさわしいのかは異なります。教育観は大別すると、積極説＊と消極説に分けることができます。消極説とは、「子どもは大人が教えなくても、毎日の生活のなかから多くのことを学んでいく。自分で失敗したり工夫したりしてさまざまなことができるようになったり、友だちと遊ぶなかでトラブルを経験したり、大人や友だちの行動を観察している。大人は指示を与えず見守ることが大切である」というような考えで、これは現代の保育でよく用いられる表現（培う・育む・促す・寄り添う・見守る）などにつながる考え方です。

2　子どもの発達を促す保育者の関わり

　ここで、子どもの年齢に応じた保育者の関わり方について具体的にみていきましょう。なお、ここでの子どもの年齢区分は「保育所保育指針」に沿っています。

①年齢に応じた関わり方

１）乳児

　学生の皆さんの多くは、乳児と実際に接する機会は少ないと思います。まだ立って歩くことができない、言葉を話す前の乳児は、実は自分からまわりの環境に働きかけて、その反応からたくさんのことを理解していきます。

　「子どもの最初のおもちゃは自分」といわれるように、赤ちゃんは手を口に入れたり振ってみたり、足を触って顔の方に引き寄せたりして自分の体で遊びます。光や音のする方をじっと見たり、ベッドメリーを目で追ったりして興味津々な表情をしたり、にっこり笑ったりします。保育者が紙や布、おもちゃなどを子どもの手の届くところに置くと、触ったり握ったり叩いたりして感触を楽しみます。

　また、保育者が関わることで経験する世界がさらに広がります。スカーフなど布をふわふわ揺らして感触を楽しませたり、保育者が子どもの姿勢を変えたりすることで子どもの目に見える世界が広がり、発達が促されていきます。さらに年長の幼児と関わることで、人と関わることの楽しさを経験し、自分ではまだできないことに興味をもったり、まねをしたりし

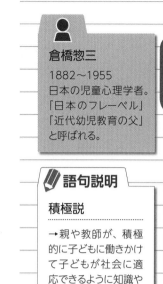

倉橋惣三
1882〜1955
日本の児童心理学者。
「日本のフレーベル」
「近代幼児教育の父」
と呼ばれる。

1コマ目　保育における子ども理解の意義

語句説明

積極説

→親や教師が、積極的に子どもに働きかけて子どもが社会に適応できるように知識や礼儀を教え込み、望ましい方向へ導くことが教育であるという考え方。

「保育所保育指針」における、年齢ごとの保育者の関わりについては5コマ目第1節 2 を参照しましょう。

子どもの最初のおもちゃは自分

ます。

2) 1歳以上3歳未満児

　2歳児になると、基本的生活習慣が身についてきますが、行動としては自己中心的な部分が目立ちます。砂場で自分が山をつくることに夢中になってほかの子にシャベルを貸さずに独り占めしたり、自分でできることが増え、やりたいという思いが強いあまりに、「自分がやる！」と言い張って親を困らせたりします。この時期は、子どもの自分でしたいという思いを受け止め、ていねいに関わることが大切です。

3) 3歳以上児

　『3・4・5歳児の心Q&A』（大澤洋美・大川美和子、学研、2017年）では、3・4・5歳児の発達の様子と保育者が子どもの育ちを支えるために必要なポイントをあげています。以下に紹介していきます。

　3歳児は、他者を意識するようになりますが、まだまだ「個」が優先される時期です。少しずつ友だちと関われるようにしていきましょう。生活面では、失敗しながら自立へと進んでいく時期の子どもたちの、自分でやろうとする意欲やありのままの気持ちを受け止め、「保育者が応援してくれている」と感じられるように接します。「ぼくも」「わたしも」と話す子どもたちに、一人ひとりの話に耳を傾けていることを伝えます。普段の生活や遊びがもっとワクワクドキドキする経験につながるよう、遊びが発展しやすいように、子どもの目の届く場所に遊びに使える素材を置いたり、風鈴やうちわ、紅葉や松ぼっくりなど季節が感じられるものを目に触れる場所に置いたりします。一人ひとりの子どもの「つもり」を理解して、ものや場所の取り合いからぶつかり合いが起きないよう環境を調整する配慮も大切です。

　4歳児は、物事の理解や人への関心が深まってくる時期です。さまざまに揺れ動く心をていねいに受け止めましょう。友だちと一緒に楽しく遊ぶには、道具や場所を譲り合う必要が生じます。相手が我慢してくれたことに気づき、お互いの心が育ち合うような保育者の関わりが必要です。保育者がちょっとした手助けやヒントを出して、自分で考え工夫して試行錯誤しながら達成する満足感を得られるよう、子どもの意欲を高めます。いつもは友だちと楽しく活動しているのに、突然行事や集団での遊びに参加することをためらう子どももいます。子どもの心のなかには、新しいことや難しいことに挑戦したい気持ちと失敗したくない不安があります。その思いを大切に見つめるとともに、ていねいな声かけや配慮が必要です。友だち同士のトラブルには、言葉で伝えること、聞くことの大切さを伝えます。自分がしてもらってうれしかったことを「自分も○○のようになりたい」と思う瞬間を大切にし、保育者はその憧れの姿のモデルとなるように努めましょう。

　5歳児は、自信をもち、大きくなることへの期待と意欲を高めていく時期です。一人ひとりの心情に応じて支えていきましょう。年長児として張り切って生活する気持ちを挑戦する意欲へつなげ、難しいことができるようになることで自信につなげていきます。なかなか自信につながらない子

●図表1-1　毎日の生活における保育者の関わりのポイント

年齢	ポイント
3歳児	①子どもの安心感を第一に ②家庭と連携して一人ひとりを理解する ③保育者がモデルとなりやってみせることを大切に ④子どもの状況を見届けて褒める
4歳児	①気持ちを受け止め、ていねいに関わって信頼関係を ②つまずきを乗り越えるコツを援助して自信につなげる ③友だちの気持ちに目を向けた関わりを大切に ④一人ひとりの子どもの思いを否定せずに聞き、保育者がモデルとなる
5歳児	①子どもたちに任せる場面を増やし、できたことをしっかり認めて主体的な取り組みを促す ②互いに尊重し受け入れ合う友だち関係がつくれるよう促す ③どうすれば皆が気持ちのよい生活を送ることができるか、子ども同士の話し合いの機会を通して自覚を促す

出典：髙梨珪子・塚本美知子編著『かかわる・育つ　子どもを見る目が広がる保育事例集』東洋館出版社、2007年、162-163、176-177、190-191頁をもとに作成

には、得意なことを認めて自分から取り組む意欲につなげます。困難や葛藤を子どもの成長のチャンスととらえ、それを子どもが自分で乗り越えられたと実感しうれしさを感じられるよう、子ども一人ひとりに対して方法を工夫します。友だちと一緒に取り組む活動では、「自分たちで考えて、思いを出し合いながら進められるようになる」ことを目指します。保育者は一人ひとりの考えや思いを仲介してつなぎ、話し合いが進みやすいよう援助します。子ども同士がお互いのよさを感じ合えるように配慮し、保育者が子ども同士の関係性を把握することで、「対等な関係で自分の思いを出し合うことのできるクラス」づくりを目指します。

　また、3・4・5歳児の毎日の生活における保育者の関わりのポイントは図表1-1のとおりです。

　以上から、3年間の子どもたちの発達に応じて、必要とされる援助の質が少しずつ変わっていくことがわかります。

②事例で見る3歳から3年間の発達と保育

　幼稚園に通うリョウガくんの発達していく様子と、リョウガくんの発達に合わせた先生の関わりを3年間にわたって記録した映像（小田豊・神永美津子監修・解説『3年間の保育記録──3歳児編　前・後半』岩波映像、2004年／小田豊・神永美津子監修・解説『3年間の保育記録──4・5歳児編』岩波映像、2005年）をもとに、子どもの発達を促す保育者の関わりについて見ていきましょう。

　この映像の3歳前半編では、はじめて母親の元を離れて集団生活に入っていくところから、保育者との信頼関係の形成、園での生活に必要な生活習慣の形成、友だちとの触れ合いから一緒に遊べるようになっていくなどの発達的な変化を見ることができます。保育者は母親との連携を大切にしながら、リョウガくんの不安な気持ちを受け止め、親子を支えます。3歳

後半編では、友だちと一緒に遊ぶ楽しさを知り、自分が興味をもったことに挑戦したり、思い通りにいかないことに悩んだりします。保育者は、直接声をかけたり援助するのではなく、一人ひとりの心のよりどころとなって葛藤を支え、自分の力で行動する自信をもてるように、発達の状況に合わせて環境を工夫しています。

　４歳児編では、リョウガくんは友だち同士で関わり合う場面が多くなり、それぞれの子どもが自分らしさを発揮していく過程が見られます。自発的にやり始めたことが自分が思っているとおりにいかないもどかしさを感じている場面や、友だちと遊んでいるうちにお互いのやりたいイメージが異なっていることに気づき、そのことを調整できない場面も見られます。保育者は一人ひとりの子ども同士の性格や興味関心を把握して、お互いがうまく関わっていけるような環境をつくったり、じっと見守ったりします。

　５歳児編では、友だち関係が深まって共通の目的や課題をもって協同的な活動をしている様子が見られます。保育者は、友だちのよさや可能性に子ども同士が気づき、認め合うことで自信をもてるようになっていくような、学級づくりをする役割を果たしています。

　３年間を通して映像を見ると、保育者の関わりは「リョウガくんの気持ちが落ち着くまでずっと抱っこする」から「意欲をもって遊びに取り組み、充実感や達成感が味わえるよう援助する」「友だちとの協同的な活動を楽しめるよう仲介する」へと変わっています。このことは、３歳のときは養護的な部分が多くを占めるものの、４歳、５歳と成長するにつれて次第に教育的な部分の割合が増えていくことを表しています。

おさらいテスト

❶ [　　　] を知ることが保育の出発点である。

❷ 保育所等での学びとは、遊びや環境を通して [　　　] に学ぶものである。

❸ 子どもたちの発達に応じて、必要とされる [　　　] の質は少しずつ変わる。

演習課題 ✎

あなた自身の幼児期のことを思い出してみよう

①幼児期にあなたはどのような子どもだったのか、自分のイメージを書いてみましょう。
また、それはなぜか、思い当たることがあれば書いてみましょう。

②幼児期の記憶（エピソード）を思い出して書いてみましょう。
・誰と一緒の場面、どんなことをしてくれた（された）か
・自分の行動、言ったこと、どんな気持ちだったか

③４〜５人のグループをつくり、お互いに①②の内容を話し合ってみましょう。

あなた自身の幼児期のことを思い出してみよう（振り返り）

①あなた自身の幼児期の記憶を思い出してみて、どんな気持ちか、また、幼児期の記憶が今のあなたにどのように影響しているのか、書いてみましょう。

②幼児期に戻れるとしたら、あなたはどのような先生に保育してもらいたいか、それはなぜか、書いてみましょう。

演習課題

発達について考えてみよう

演習テーマ 1　発達に応じた保育者の対応について考えてみよう

　「けんか」「友だちと遊べない」のどちらかのテーマを選び、3・4・5歳児のそれぞれについて留意点や具体的対応例を書きましょう。

演習テーマ 2　2～5歳児の遊びの様子を書いてみよう

①遊びの種類や内容、何人くらいで遊ぶのかなど、観察実習やボランティアなどで見た保育現場の子どもたちの様子を書いてみましょう。まだ保育現場を経験していない場合は、具体的な姿を想像して書いてみましょう。
②保育者として発達を促すような関わり方や声かけについて考えてみましょう。

	室内で遊ぶ	園庭で遊ぶ	保育者の関わり
2歳児			
3歳児			
4歳児			
5歳児			

演習テーマ 3　子どもの発達を理解する意義について考えてみよう

①保育者が子どもの発達を学ぶことは、保育のどのような場面で役に立つのか考えてみましょう。
②保育者が、一人ひとりの子どもの発達の状態をとらえるためにはどうしたらよいか、現場でどのようなことをするのか、具体的に3つあげてみましょう。

2 コマ目

子どもの理解に基づく 養護と教育の一体的展開

今日のポイント

1 保育において、養護と教育は一体的に展開するものである。

2 「幼児期の終わりまでに育ってほしい姿」は、日々の保育を通して目指すものとしてすべての幼児教育施設共通で示された姿である。

3 「ねらい及び内容」は、「育みたい資質・能力」・「幼児期の終わりまでに育ってほしい姿」へとつながっている。

1 保育における養護と教育

1 「養護」と「教育」

　養護とは、「養育」し「保護」することで、一般的な意味としては、「養い、守って、成長を助ける」ことです。養護を必要とする人（子どもや困っている人）が生きていけるよう、そして成長していけるように、必要なことを援助するのが「養護する」ということです。

　保育における養護とは、「子どもたちの生命を保持し、その情緒の安定を図るための保育士等による細やかな配慮の下での援助や関わりを総称するもの」（「保育所保育指針解説」第1章1（1）イ「養護と教育の一体性」）です。乳幼児期の子どもは心身の機能が未熟で、自分の力で生きていくことはできません。保育士が安全な環境を整え、一人ひとりの子どもの気持ちに寄り添って温かく見守ることによってはじめて、「その子らしさを発揮しながら心豊かに育つ」ことができます。

　教育とは、文字の表す意味のとおり、教えること・育てる（育む）ことです。教育は、学校だけでなく、家庭や地域社会などさまざまな場所で行われるものです。「教育基本法」第1条には教育の目的として「教育は、人格の完成を目指し、（中略）心身ともに健康な国民の育成を期して行われなければならない」と書かれていて、学校だけでなくあらゆる場所であらゆる機会に、人として必要なことを学ぶことが教育であるということが示されています。

　乳幼児期の教育とは、「生涯にわたる人格形成の基礎を培う重要なものである。親をはじめとした保護者が、家庭での生活を通じて子どもにさまざまなことを教え育てる家庭教育の営みがある」（秋田喜代美監修『保育学用語辞典』中央法規出版、2019年、2頁）ものです。また、家庭のほかに「乳幼児期の教育を行う」施設として保育所・幼稚園・幼保連携型認

定こども園をあげ、「遊びを中心とした生活において子どもが主体的に学ぶ環境を整えること、すなわち環境を通した教育が大事にされている」としています。

「養護と教育を一体的に展開する」ということは、「保育士等が子どもを一人の人間として尊重し、その命を守り、情緒の安定を図りつつ、乳幼児期にふさわしい経験が積み重ねられていくよう丁寧に援助すること」（「保育所保育指針解説」第1章1（1）イ「養護と教育の一体性」）を指します。このことは、保育者が子どもに安全な環境を整えて生きていけるように援助するのと同時に、気持ちが安定して心が育っていけるように、そしてよりよく成長できるように発達の状況に応じた適切な環境を整えるということを示しています。また、「保育所保育指針」には、「保育所は、その目的を達成するために、保育に関する専門性を有する職員が、家庭との緊密な連携の下に、子どもの状況や発達過程を踏まえ、保育所における環境を通して、養護及び教育を一体的に行うことを特性としている」（「保育所保育指針」第1章1（1）イ）としています。

2 保育は養護と教育の一体的展開

①子どもと保育者の姿

保育者の目から、子どもと保育者の姿をとらえた記述を通して考えてみましょう。童話『いやいやえん』（福音館書店、1962年）の作者として知られる中川李枝子が、17年間の保育士（当時は保母）経験から書いた『子どもはみんな問題児。』（新潮社、2015年）という本で、次のように書いています。

> では「子どもらしい子ども」とは、どんな子どもなのでしょう。
> 　子どもらしい子は全身エネルギーのかたまりで、ねとねと、べたべたしたあつい両手両足で好きな人に飛びつき、からみつき、ほっぺたをくっつけて抱きつきます。
> 　（中略）
> 　子どもらしい子どもは、ひとりひとり個性がはっきりしていて、自分丸出しで堂々と毎日を生きています。
> 　それで大人から見ると、世間の予想をはみ出す問題児かもしれません。
> 出典：中川李枝子『子どもはみんな問題児。』新潮社、2015年、6 - 7頁

そもそも子どもの行動は、大人からみたら「問題」であることが多いものです。中川はこのように書いています。

> 　保育者は、子どもの遊びが良い方向に行くように見守り、そのためにヒントを与え、励まし、そして手を貸します。（中略）大人は無神経に踏み込んではいけない。その反面、子どもたちは幼く、守らなけ

> ればならない。ですから決して子どもから目を離してはいけません。
> 常に全神経を子どもに向けておきます。
> 出典：中川李枝子『子どもはみんな問題児。』新潮社、2015年、51頁

> 待てなくて泣いている子には泣きたい理由があるはずです。
> だから察して、気持ちを少しでも軽くするのが私たちの役目です。
> 知らん顔をしてはいけません。
> 出典：中川李枝子『子どもはみんな問題児。』新潮社、2015年、58頁

　子どもの傍らにいて、子どもたちが安全に過ごせるように見守る、子どもの気持ちを受け止めて共感的な言葉をかけるというのは、養護的な役割です。そして、子どもの遊びが発展していくような援助、遊びという経験からより多くのことを学べるように導くことは、教育的な役割です。子どもたちは、遊びを繰り返し工夫することによって、思考力の芽生えを伸ばし、友だちと構想の違いを調整することによって、協同性を育んでいきます。子どもの側から見れば、保育者が見守ってくれていることで、安心して活動ができます。活動が行き詰まったりトラブルが起きたりしたら、保育者が援助してくれるからです。そのことが、遊びを中心とした日々の活動からより多くの「学び」を得ることにつながります。

②保育場面からみる養護と教育の一体的展開

　教育学者の武藤隆は、養護と教育を一体的に行うということについて、日々の保育の場面をとりあげながら解説しています（武藤隆・汐見稔幸編『イラストで読む！幼稚園教育要領　保育所保育指針　幼保連携型認定こども園教育・保育要領　はやわかりBOOK』学陽書房、2017年）。

　0・1・2歳児では「手を拭いてもらう」場面をとりあげています。遊んだあとや手が汚れたときに保育者が子どもの手を拭く「養護」（清潔を保ち、不快感を解消する）と、「きれいになったね」などの言葉かけの「教育」（共感を言葉にすることで、子どもは自分の感情の意味を理解する）が一体的に行われています。

　3・4・5歳児では、「飲み物を注ぐ」場面をとりあげています。4歳くらいになると生まれる「お手伝いをしたい。誰かにやってあげたい」という気持ちにこたえてお手伝いしてもらうことが「養護」です。そして、飲み物を注ぐときにこぼさないように、両手でもってゆっくり注ぐよう伝えたり、「ありがとう」と感謝を伝えることが「教育」につながります。

　乳児は言葉で気持ちを伝えられず、幼児もうまく気持ちを言葉にできないことがあります。保育者は、毎日の保育を通して一人ひとりの子どもの発達の状況やその子の個性を理解し、今この子はどのように感じているのかを感じとり、子どもの気持ちに寄り添って援助することが大切です。また、子どもが主体的に行動できるよう保育環境を整え、子どもがなぜそうしたいのか、その行動によってどのような学びがなされているのかを理解し、支援することが大切です。

3　保育者としての関わり

①保育所での職場体験と保育実習の違い

　皆さんのなかにも、中学校・高等学校で保育所や幼稚園に職場体験やボランティアで行った経験がある人がいると思います。しかし、実習に行く前と後ではまったく異なる感想をもつことがあるでしょう。

　保育者ではない人（ボランティアなど）の役割は、一緒に遊んでくれる、やさしくお世話してくれるお姉さん・お兄さんとしての役割です。子どもと一緒に遊んだり援助したりして「ありがとう」と言われ、「喜んでもらえてよかった」という達成感・満足感が得られます。

　一方、保育実習では「養護と教育が一体となった関わり」を求められます。保育者は、一人ひとりの子どもの発達の状況に目を向け、見守り、必要な場合に援助します。一緒に楽しく遊ぶのではなく、子どもの経験が広がり、学びが深まるように支援します。場合によっては、何もしないで見守ることが必要とされます。

　実習の目的は、自分が楽しく過ごすことよりも、保育者になるための経験をすることです。「子どもの目線で」という言葉がありますが、この言葉の意味は、「子どもと同じことをする」のではなく、「子どもからはこのように見えているのだろう」ということを踏まえて、保育者としての言動を考えるということです。実習で、「子どもが指示を聞いてくれなかった。同じことを先生が言うとすぐやるのに」という声をよく聞きます。子どもは、自分にとって信頼できる大人と感じる相手（保育者）の言うことに対しては、自分の行動を決める際に「聞く耳」をもちます。どうしたら子どもから「信頼される」存在になれるのかが実習生にとって重要な課題です。

　また、記録を書くことも重要です。実習から帰ってきた学生から、「日誌さえなければなあ……。子どもはかわいいし、学校よりずっと保育所にいたい」という感想をよく聞きます。日誌は、自分の目がとらえた子どもの様子や、まわりの環境、保育者の関わりや、それに対する子どもの表情や行動について記録するものです。観察実習のあとの参加実習、部分実習等では、自分の保育についての振り返りと意味づけをし、それを実習指導担当の教員が読みます。そこで実習生がどのような経験をしたかを知ることができ、それに基づいて実習指導がされます。書き方（誤字脱字がなく、保育の用語を使ってどの欄に何を書くかの振り分け）を学ぶのが主な目的ではありません。記録による指導を通して、実習生が気づいていなかったことや逆に実習指導担当の教員が知らなかったことを情報共有し、そのことにより、わかること、見えてくることもあります。保育の現場で起きていることへの理解が深まり、保育者としてより適切な「養護と教育が一体となった子どもへの関わり」ができるようになるために、記録が必要なのです。PDCAサイクル*の流れに沿って、保育者としてキャリアアップしていくための第一歩ともいえます。

②子どもの発達・学習を促す保育者の関わり

　子どもたちの教育的な援助に関わる保育者には、学習を促す3つの技能（スキル）が必要です（図表2-1）。

重要語句

PDCAサイクル

→P（Plan：計画）
D（Do：実行）
C（Check：評価）
A（Action：改善）
の頭文字をとったもので、業務を継続的に改善していくための4つの段階を指す言葉。よりよい保育のためには、この4つが循環することが必要である。

①子どもとの信頼関係を築く基本的コミュニケーションスキル	・表情や動きに関するスキル ・ジェスチャーや表情などのノンバーバルコミュニケーション（非言語コミュニケーション）*のスキル ・声の大きさや話し方のペース、言葉遣い
②子どものやる気を高めるスキル	・子どもの注意を喚起するスキル ・子どもの動機づけを高めるスキル ・クラス運営に関するスキル
③子どもの学びを深めるスキル	・ねらいを構造化するスキル ・子どもに最適な目標水準を設定するスキル ・問題を焦点づけ、絞り込む声かけのスキル ・創造的な思考を促す声かけのスキル ・褒める、しかるスキル

出典：高村和代・安藤史高・小平英志『保育のためのやさしい教育心理学』ナカニシヤ出版、2009年、48頁をもとに作成

重要語句

ノンバーバルコミュニケーション（非言語コミュニケーション）

→言語以外の「表情」「声」「行動」などの情報を用いて、相手とコミュニケーションをとる方法。

　また、これらのスキルについては、客観的に自分を観察してみることが大切で、実際に自分が保育をしている様子や、人と話している様子を録画して観察することが必要です。カウンセラーや福祉職の人に自己覚知*が必要とされるように、保育者には「外側から見た自分を知る」こと、すなわち、「子どもの人的環境としての自分」に目を向けることが必要です。

　教育学者の大豆生田啓友は、乳幼児期に「遊び込む」ことがその後の「学びに向かう力」につながるとしています（大豆生田啓友・大豆生田千夏『非認知能力を育てるあそびのレシピ——0歳〜5歳児のあと伸びする力を高める』講談社、2019年）。「遊び込む」とは、子どもが遊びに没頭して、発展していくことを指す言葉です。子どもたちが遊び込むためには、保育者の援助が必要です。保育所等で飽きることなく生き生きと遊ぶ子どもたちの様子を見ていると、自然に遊びが発展しているように見えます。しかし、ただ自由に遊ばせているだけでは子どもたちがずっと遊び続けることはできません。そこで、遊んでいる子どもたちの個性や発達の状況を知る保育者が、子どもの興味が持続し遊びが発展することに役立ちそうな環境を用意して、さりげなく子どもに気づかせるという、「プロの保育者の仕掛け」を行っているのです。「ただ見ているだけ」「子どもと一緒に遊んでいるだけ」のように見える保育者の役割は、とても重要なものなのです。

重要語句

自己覚知

→自分を知ること、自分自身を理解し受容すること。ほかの人を援助する側の人は、自分の感情や意識をコントロールするために自分自身の価値観を知っておくことが必要で、そのことにより、他者との信頼関係（ラポール）を築くことができる。

2　幼児教育施設における保育の目指すもの

　2006（平成18）年に「教育基本法」が改正され、第11条に「幼児期の教育は、生涯にわたる人格形成の基礎を培う重要なものである」と明記されました。そして、2008（平成20）年に改定（訂）「保育所保育指針」と「幼稚園教育要領」が同時に告示されました。2017（平成29）年には、

幼児教育の内容や質を、3つの教育・保育施設（保育所・幼稚園・幼保連携型認定こども園）で揃えるために、「保育所保育指針」「幼稚園教育要領」「幼保連携型認定こども園教育・保育要領」が同時に改定（訂）されました。

技術革新やグローバル化などにより変化が激しい時代の幼児教育には、子どもたちが社会で活躍する20年後にも通用する力の基礎を育むことが求められています。幼児教育を担う施設では「非認知的能力」（➡ 1 コマ目を参照）を育てること、小学校へスムーズに入っていけるよう「幼児期の終わりまでに育ってほしい姿」を意識して保育することが必要です。

1　保育所・幼稚園・幼保連携型認定こども園

子どもを通わせるのは幼稚園がいいか、保育所がいいかと悩む保護者から、「幼稚園は勉強を中心に小学校に入る準備をするところだけれども、保育所は生活と遊びが中心になるところなのではないか」と心配する話がよく聞かれます。皆さんのなかにも「保育所は生活、幼稚園は勉強」というイメージをもっている人は多いのではないでしょうか。

前述した2017（平成29）年の3法令（「保育所保育指針」「幼稚園教育要領」「幼保連携型認定こども園教育・保育要領」）の同時改定（訂）において、「保育所保育指針」には「保育所における幼児教育の積極的な位置づけ」が明記され、保育所・幼稚園・認定こども園が共有すべき事項として、「育みたい資質・能力」「幼児期の終わりまでに育ってほしい姿」が示されました。これまでも保育所と幼稚園の保育内容は共通でしたが、今回の改定により、どの施設に通っても同じ教育が受けられることが明記されたのです。

もし皆さんが保育者になり、保育所に子どもを通わせている保護者から「毎日楽しく通っているが、遊んでばかりいて小学校に入って困らないか？」と聞かれるようなことがあったら、下記のことを伝えれば安心してもらえるでしょう。

①保育所・幼稚園・幼保連携型認定こども園の3施設とも、小学校入学後の生活にスムーズにつなげるための共通した目標「幼児期の終わりまでに育ってほしい姿」を意識して、毎日の活動をしている。

②「幼児期の終わりまでに育ってほしい姿」には10の姿がある。「思考力の芽生え」「数量や図形、標識や文字などへの関心・感覚」など認知的な能力の基礎を培うものと、「自立心」「協同性」「言葉による伝え合い」など「非認知的能力」と呼ばれるものが含まれている。

③子どもは、遊びのなかからたくさんのことを学んでいる。乳幼児期には、遊びや子ども自身が考えたり工夫したりしながら活動することで「非認知的能力」が育まれる。失敗しても粘り強く物事に取り組む力や、ほかの人との協同性などの「非認知的能力」は、大人になったときに幸せに暮らせるかどうかに影響する。

プラスワン

幼保連携型認定こども園
学校と児童福祉施設の両方の性格をもつ単一の幼児教育施設として創設された。

2 コマ目

子どもの理解に基づく養護と教育の一体的展開

2 ３つの視点と５領域

①「願い」に沿って「ねらい」がある

　ある幼稚園の入り口に、「幼稚園は人生の根っこを育てるところです」と書いたプレートが置かれていました。その年に新しく就任した園長が、園を訪れる人に伝えたいメッセージを、さりげなく目につく場所で伝えたかったのでしょう。職員には直接伝える機会はありますが、プレートを通して保護者や地域の人、これから子どもの入園先を探している人などに、自分の教育観を発信したわけです。インターネットが普及して、スマートフォンからでも情報が得られる現在ならば、ホームページで知らせるという手段もありますが、それでも幼稚園の入り口で毎日園長のメッセージを目にすることの意味は大きいといえます。幼児期が人生全体にとって重要な時期であること、この幼稚園では子どもの土台になる「根っこ」をじっくり育てることを目指している、という園長の「願い」が伝わります。その「願い」が子どもたちのなかに達成されることを目指して、園の教育目標、教育計画があるわけです。

②５歳児の育ちを見通した０・１・２歳児の保育

　「保育所保育指針」では、2017（平成29）年の改定によって、乳児（０歳児）と１歳以上３歳未満児の保育に関わるねらいおよび内容の記述が大幅に加えられ、０・１・２歳児の保育の目標を３・４・５歳児とは別にくわしく記述しました。５歳児の育ちを見通して、それにつながるものとして０・１・２歳児の保育のねらいや内容が考えられています。

　また「保育所保育指針」では、乳児保育については、「生活や遊びが充実することを通して、子どもたちの身体的・社会的・精神的発達の基盤を培う」という考え方を踏まえ、乳児を主体に、保育現場で取り組みやすいものとなるよう以下の３つの視点から、保育の内容等が記されています。

---

①身体的発達に関する視点「健やかに伸び伸びと育つ」
②社会的発達に関する視点「身近な人と気持ちが通じ合う」
③精神的発達に関する視点「身近なものと関わり感性が育つ」

　乳児の育ちは、従来からの幼児教育の５領域に分化する前の未分化なものととらえ、①～③の３つの視点から「ねらい及び内容」が書かれています。図表２-２は、「養護の観点からの３つの視点」が５領域につながることを表しています。

3 育みたい資質・能力

　子どもの生涯にわたる生きる力の基礎を培うためには、保育所等においては、保育の目標を踏まえ、小学校以降の子どもの発達を見通しながら保育活動を展開することが必要です。

　「保育所保育指針」には、保育所保育において育みたい資質・能力として、以下の３つが示されています。

● 図表2-2　0歳児の保育内容の記載のイメージ

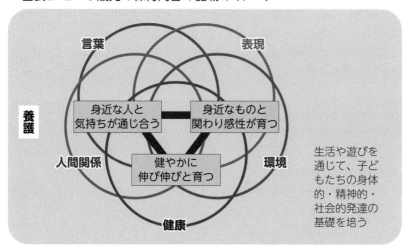

出典：厚生労働省雇用均等・児童家庭局保育課「保育所保育指針の改定について」2017年

> ① 「知識及び技能の基礎」……豊かな体験を通じて、子どもが自ら感じたり、気付いたり、分かったり、できるようになったりすること。
> ② 「思考力、判断力、表現力等の基礎」……気付いたことや、できるようになったことを使い、考えたり、試したり、工夫したり、表現したりすること。
> ③ 「学びに向かう力、人間性等」……心情、意欲、態度が育つ中で、よりよい生活を営もうとすること。

　実際の指導場面においては、「知識及び技能の基礎」「思考力、判断力、表現力等の基礎」「学びに向かう力、人間性等」を個別に取り出して指導するのではなく、遊びを通した総合的な指導のなかで一体的に育むよう努めることが重要です。それは、子どもは諸能力が個別に発達していくのではなく、相互に関連し合い、総合的に発達していくからです（「保育所保育指針解説」第1章4（1））。3つの「育みたい資質・能力」は、「幼児期の終わりまでに育ってほしい姿」へとつながっていくものです。

3　幼児期の終わりまでに育ってほしい姿

1　乳幼児期の経験の重要性

　「子どもは遊ぶのが仕事」という言葉があり、昔は「わんぱくでもいい。たくましく育ってほしい」というテレビCMもありました。一方で、英会話や読み書き、ピアノや水泳など、いわゆる早期教育*を熱心に子どもにさせる保護者もいます。

　確かに、親の目から見ると、いろいろなことができるようになることは、

重要語句

早期教育

→乳幼児という早い時期から知識や技術を習得させて、その子のもっている知的な能力や運動能力、芸術的な才能を伸ばそうとする組織的・体系的な教育。

2コマ目　子どもの理解に基づく養護と教育の一体的展開

わが子の成長を感じられてうれしいことです。しかし、乳幼児期の教育を考えるためには、幼児期にしかできないこと、幼児期にしておけばその先の成長につながることは何か、という視点が大切です。

心理学では発達課題という言葉があります。ハヴィガーストは、発達課題を「人間が健全で幸福な発達をするために各発達段階で達成しておかなければならない課題。次の発達段階に移行して困らないために、それぞれの発達段階で習得しておくべき課題」とし、乳児期および幼児期から成熟期までの各時期の課題として「自己に対する健全な態度」「他人との情緒的なつながり」などをあげています。そして、「その課題に失敗すると次の段階の適応が困難になる」と考えています。

その一方で、発達課題の達成ができなくても後から取り返すことができるという考え方もあります。人は「適切な時期の発達に失敗したとしても、その後のほかの環境での経験や、他者との関わりのなかで補償的に発達できる」という「発達の可塑性」（秋田喜代美監修『保育学用語辞典』中央法規出版、2019 年、58 頁）をもっています。また、心理学者の伊藤健次は、乳幼児期に十分な母性的養育が受けられなかった子どもの事例から、「人間の発達にとって、乳幼児期という人生の初期における環境、発達初期の経験がどれほど大きな意味をもつものであるかを教えられる」としながらも、「たとえ発達初期の条件が劣悪なものであっても、その後発達にふさわしい条件が整えられれば、時間経過とともに発達の状態は改善し、一定のレベルまで追いつくことが可能である」という「キャッチアップ現象*」（伊藤健次編『保育に生かす教育心理学』みらい、2008 年）を指摘しています。

2 「幼児期の終わりまでに育ってほしい姿」の具体的内容

保育者は、「保育所保育指針」に示すねらいや内容に基づいて計画された活動を通して、子どもに資質・能力を育成することを目指して日々の保育を行います。そして、滑らかに小学校へつながるよう卒園を迎える年度の後半の具体的な姿として「幼児期の終わりまでに育ってほしい姿」が示されています。具体的には図表 2 - 3 のとおりです。

●図表 2 - 3　幼児期の終わりまでに育ってほしい10の姿

①健康な心と体
②自立心
③協同性
④道徳性・規範意識の芽生え
⑤社会生活との関わり
⑥思考力の芽生え
⑦自然との関わり・生命尊重
⑧数量や図形、標識や文字などへの関心・感覚
⑨言葉による伝え合い
⑩豊かな感性と表現

重要語句

キャッチアップ現象

→子どもの成長・発達の過程においては、何らかの障害が起こっても回復が可能であり、一時的に成長が妨げられても、その状況が改善されると急速に発達が追いつく現象。

　また、「保育所保育指針解説」第1章4（2）では、「遊びの中で子どもが発達していく姿を、『幼児期の終わりまでに育ってほしい姿』を念頭に置いて捉え、一人一人の発達に必要な体験が得られるような状況をつくったり必要な援助を行ったりするなど、指導を行う際に考慮することが求められる」とし、「幼児期の終わりまでに育ってほしい姿」とは、到達すべき目標ではなく、個別に取り出されて指導されるものではないということ、卒園を迎える年度の子どもだけでなく、その前の時期から、子どもが発達していく方向を意識して、それぞれの時期にふさわしい指導を積み重ねていくことに留意する必要があるとしています。

　では、「幼児期の終わりまでに育ってほしい姿」を理解することは、保育実践にどのように生かされるのでしょうか。「幼児期の終わりまでに育ってほしい姿」を理解することで幼児への理解が深まり、幼児を改めてよく見られるようになったり、重要な学びや発達の姿を偏りなく見ることができるようになったりし、入園から修了までを、長い見通しで理解できるようになります。また、保育者と小学校の教師が、「育みたい資質・能力」や「幼児期の終わりまでに育ってほしい姿」を理解することによって幼小接続期の子ども像を共有し、滑らかな幼小接続ができるようになります。保育所等・幼稚園では、10月くらいから年長児にアプローチカリキュラム*を実施し、幼児期の育ちと学びと経験を踏まえ、小学校に入学してからのスタートカリキュラム*へつなげていきます。以前から、保育所等・幼稚園の園児と小学校児童との間では、お互いの行事に招待して参加するなど交流は行われていました。それを、子どもたちが小学校生活にスムーズに適応できることを目指して、計画的な事前の配慮に基づかない行事・授業参加から、計画的な目標設定に基づく連携や、相互理解と互恵性のある教育活動へとすすめています。

4　養護から教育へ：「ねらい」から「願い」へ

1　「ねらい及び内容」から「育みたい資質・能力」「幼児期の終わりまでに育ってほしい姿」へのつながり

　これまでに述べてきたとおり、2017（平成29）年の3法令の改定（訂）により、「幼児期の終わりまでに育ってほしい姿」は、保育所・幼稚園・認定こども園に共通するものとして示されました。この項では、「幼児期の終わりまでに育ってほしい姿」と保育内容との関係についてみていきましょう。

　以前は「ねらい」として子どもの「心情」「意欲」「態度」が示されていましたが、今回の改定（訂）により、新たに「育みたい資質・能力」の3本の柱がねらいとされました。そのなかには認知的な活動「知識及び技能の基礎」「思考力、判断力、表現力等の基礎」と、非認知的な活動「学びに向かう力、人間性等」の両方が含まれています。

2コマ目　子どもの理解に基づく養護と教育の一体的展開

重要語句

アプローチカリキュラム

→年長児に就学直前の3か月程度実施するカリキュラムで、年度当初から計画を立て、小学校への期待をじっくり高めていくもの。小学校教育への接続を考慮して保育内容を工夫し、園児と児童との交流の機会も設ける。

スタートカリキュラム

→小学校入学直後の1か月程度実施されるもので、新入児童の小学校生活への適応を促すカリキュラム。「遊びを通した学び」と「教科学習」の両方の特徴をもつ。

保育内容（ねらい及び内容）が養護から教育へとつながっていくことは、「資質・能力」の育ちの一覧表（乳児から幼児期の終わりまで）を見るとよく理解できます（図表2-4）。

　また、乳児期の3つの視点と5領域の「ねらい及び内容」を対照させたものが「三つの視点から5領域及び育ってほしい姿への対照表（全体）」です（図表2-5）。

■2■ 「養護と教育を一体的に展開する」保育者の役割

　「養護と教育を一体的に展開する」保育者の役割とは、子どもの生涯にわたる人格形成の基礎を担う重要な役割であり、子どもの命を守り、情緒の安定を図りつつ、乳幼児期にふさわしい経験が積み重ねられていくようていねいに援助することです。そして、子どもが「遊び込む」ことによって非認知的能力を育むことができるよう保育のプロとしての役割を果たすのが保育者です。

　これは大変難しいことのように感じると思いますが、保育者を目指す皆さんの学びの最初は、「子どもが好き」「一緒にいたい」ということから始めればよいのではないでしょうか。保育所等・幼稚園など保育の現場での子どもの様子──楽しく笑っているときだけでなく、泣いたりぐずったり力いっぱい怒ったりけんかしたりしている子どもの様子──を見て、「かわいいなあ」「子どもってこんなことがうれしいんだ」「がまんできなくて悔しいだろうなあ」など、「一生懸命で微笑ましい」と受け止めることができるなら、保育者の資質（養護的な要素）が十分あると思います。そこからだんだんと「養護と教育を一体的に展開する」ために必要な知識・技術を学び、経験を積んでいくことで、保育者としてキャリアアップしていけばよいのです。「子どもが好き」という思いから始めて、「養護と教育を一体的に展開することのできる保育者」へ近づくために、一歩一歩学んでいきましょう。

おさらいテスト //

❶ 保育において、[　　　]と[　　　]は一体的に展開するものである。

❷ 「[　　　]」は、日々の保育を通して目指すものとしてすべての幼児教育施設共通で示された姿である。

❸ 「[　　　]」は、「育みたい資質・能力」・「幼児期の終わりまでに育ってほしい姿」へとつながっている。

//

演習課題

子ども理解について考えを深めよう

演習テーマ 1　事例をもとに考えてみよう

事例　毛虫はかわいい？

　2歳児クラスで、近くの公園に行ったときのことです。何人かの子どもたちが集まってじっと何かを見ています。近寄ってみると、あまり見たことのない白黒の毛虫が数匹ゆっくり動いています。おとなしいけれど好奇心旺盛で生き物が大好きなAちゃんが、毛虫を手にとろうとしています。そばにいる子は、「あぶないよ」「毛虫さんかわいいね」「何ていう毛虫かな」などと言っています。

①保育者は子どもたちにどのような声かけをしたらよいでしょうか。
②次の3つの声かけについて考えてみましょう。
　「毛虫は触っちゃダメよ。かぶれたりしたら大変だから」
　「あら、めずらしい虫がたくさんいるね。先生にも見せて」
　「Aちゃんは虫が好きだものね。仲よくなりたいのかな？」

・3つの声かけは、どのような意味をもつと思いますか。
・子どもの心のなかのセリフを想像してみましょう。

演習テーマ 2　「幼児期の終わりまでに育ってほしい姿」について考えてみよう

①「幼児期の終わりまでに育ってほしい姿」のなかで、あなたが一番大切にしたいのはどれですか。それはなぜですか。3歳児、4歳児、5歳児、それぞれについて考えてみましょう。
②4～5人のグループをつくり、①の内容を話し合ってみましょう。

演習テーマ 3　自分の考えをまとめてみよう

①あなたは、自分が保育に携わった子どもに、どのように育ってほしいですか。
　どのようなことができる人、どのようなことをしない人になってほしいですか。
　大人になってどんな人生を送ってほしいですか。
②そのためには、保育所等や幼稚園で、特にどのようなことに目標の重点を置いて日々の保育を行うことが必要でしょうか。
③保育所等や幼稚園を卒園するころに、どのようなことができるようになってほしいですか。

● 図表2-4 「資質・能力」の育ちの一覧表（乳児から幼児期の終わりまで）

幼保連携型認定こども園 養護【第1章第3-5】		乳児期 (三つの視点) 【第2章第1ねらい及び内容】	5領域	満1歳以上満3歳未満 (5領域) 【第2章第2ねらい及び内容】	満3歳以上 (5領域) 【第2章第3ねらい及び内容】
生命の保持	・(生命の保持) 園児一人一人が、快適にかつ健康で安全に過ごせるようにするとともに、その生理的欲求が十分に満たされ、健康増進が積極的に図られるようにする。	身体的発達／健やかに伸び伸びと育つ [健康な心と体を育て、自ら健康で安全な生活をつくり出す力の基盤を培う。] ねらい (1) 身体感覚が育ち、快適な環境に心地よさを感じる。 (2) 伸び伸びと体を動かし、はう、歩くなどの運動をしようとする。 (3) 食事、睡眠等の生活のリズムの感覚が芽生える。【健康】	健康	[健康な心と体を育て、自ら健康で安全な生活をつくり出す力を養う。] ねらい (1) 明るく伸び伸びと生活し、自分から体を動かすことを楽しむ。 (2) 自分の体を十分に動かし、様々な動きをしようとする。 (3) 健康、安全な生活に必要な習慣に気付き、自分でしてみようとする気持ちが育つ。	[健康な心と体を育て、自ら健康で安全な生活をつくり出す力を養う。] ねらい (1) 明るく伸び伸びと行動し、充実感を味わう。 (2) 自分の体を十分に動かし、進んで運動しようとする。 (3) 健康、安全な生活に必要な習慣や態度を身に付け、見通しをもって行動する。
			人間関係	[他の人々と親しみ、支え合って生活するために、自立心を育て、人と関わる力を養う。] ねらい (1) 幼保連携型認定こども園での生活を楽しみ、身近な人と関わる心地よさを感じる。 (2) 周囲の園児等への興味・関心が高まり、関わりをもとうとする。 (3) 幼保連携型認定こども園の生活の仕方に慣れ、きまりの大切さに気付く。	[他の人々と親しみ、支え合って生活するために、自立心を育て、人と関わる力を養う。] ねらい (1) 幼保連携型認定こども園の生活を楽しみ、自分の力で行動することの充実感を味わう。 (2) 身近な人と親しみ、関わりを深め、工夫したり、協力したりして一緒に活動する楽しさを味わい、愛情や信頼感をもつ。 (3) 社会生活における望ましい習慣や態度を身に付ける。
情緒の安定	・(情緒の安定) 園児一人一人が安定感をもって過ごし、自分の気持ちを安心して表すことができるようにするとともに、周囲から主体として受け止められ主体として育ち、自分を肯定する気持ちが育まれていくようにし、くつろいで共に過ごし、心身の疲れが癒やされるようにする。	社会的発達／身近な人と気持ちが通じ合う [受容的・応答的な関わりの下で、何かを伝えようとする意欲や身近な大人との信頼関係を育て、人と関わる力の基盤を培う。] ねらい (1) 安心できる関係の下で、身近な人と共に過ごす喜びを感じる。 (2) 体の動きや表情、発声等により、保育教諭等と気持ちを通わせようとする。 (3) 身近な人と親しみ、関わりを深め、愛情や信頼感が芽生える。【人間関係】【言葉】	環境	[周囲の様々な環境に好奇心や探究心をもって関わり、それらを生活に取り入れていこうとする力を養う。] ねらい (1) 身近な環境に親しみ、触れ合う中で、様々なものに興味や関心をもつ。 (2) 様々なものに関わる中で、発見を楽しんだり、考えたりしようとする。 (3) 見る、聞く、触るなどの経験を通して、感覚の働きを豊かにする。	[周囲の様々な環境に好奇心や探究心をもって関わり、それらを生活に取り入れていこうとする力を養う。] ねらい (1) 身近な環境に親しみ、自然と触れ合う中で様々な事象に興味や関心をもつ。 (2) 身近な環境に自分から関わり、発見を楽しんだり、考えたりし、それを生活に取り入れようとする。 (3) 身近な事象を見たり、考えたり、扱ったりする中で、物の性質や数量、文字などに対する感覚を豊かにする。
		精神的発達／身近なものと関わり感性が育つ [身近な環境に興味や好奇心をもって関わり、感じたことや考えたことを表現する力の基盤を培う。] ねらい (1) 身の回りのものに親しみ、様々なものに興味や関心をもつ。 (2) 見る、触れる、探索するなど、身近な環境に自分から関わろうとする。 (3) 身体の諸感覚による認識が豊かになり、表情や手足、体の動き等で表現する。【環境】【表現】	言葉	[経験したことや考えたことなどを自分なりの言葉で表現し、相手の話す言葉を聞こうとする意欲や態度を育て、言葉に対する感覚や言葉で表現する力を養う。] ねらい (1) 言葉遊びや言葉で表現する楽しさを感じる。 (2) 人の言葉や話などを聞き、自分でも思ったことを伝えようとする。 (3) 絵本や物語等に親しむとともに、言葉のやり取りを通じて身近な人と気持ちを通わせる。	[経験したことや考えたことなどを自分なりの言葉で表現し、相手の話す言葉を聞こうとする意欲や態度を育て、言葉に対する感覚や言葉で表現する力を養う。] ねらい (1) 自分の気持ちを言葉で表現する楽しさを味わう。 (2) 人の言葉や話などをよく聞き、自分の経験したことや考えたことを話し、伝え合う喜びを味わう。 (3) 日常生活に必要な言葉が分かるようになるとともに、絵本や物語などに親しみ、言葉に対する感覚を豊かにし、保育教諭等や友達と心を通わせる。
			表現	[感じたことや考えたことを自分なりに表現することを通して、豊かな感性や表現する力を養い、創造性を豊かにする。] ねらい (1) 身体の諸感覚の経験を豊かにし、様々な感覚を味わう。 (2) 感じたことや考えたことなどを自分なりに表現しようとする。 (3) 生活や遊びの様々な体験を通して、イメージや感性が豊かになる。	[感じたことや考えたことを自分なりに表現することを通して、豊かな感性や表現する力を養い、創造性を豊かにする。] ねらい (1) いろいろなものの美しさなどに対する豊かな感性をもつ。 (2) 感じたことや考えたことを自分なりに表現して楽しむ。 (3) 生活の中でイメージを豊かにし、様々な表現を楽しむ。

ねらいは教育及び保育において育みたい資質・能力を園児の生活する姿から捉えたもの／内容は、ねらいを達成するために指導する事項／各視点や領域は、示したもの／内容の取扱いは、園児の発達を踏まえた指導を行うに当たって留意すべき事項／各視点や領域に示すねらいは、認定こども園における生活的な活動を通して総合的に指導されるものであることに留意／「幼児期の終わりまでに育ってほしい姿」が、ねらい及び内容に基づく活動全体を通して資

出典：「幼保連携型認定こども園教育・保育要領」をもとに作成

幼児期の終わりまでに育ってほしい姿 10 項目 【第1章第1-3 (3)】			46 細目	育みたい資質・能力 【第1章第1-3 (1)】	小学校以上の資質・能力
ア	健康な心と体 【健康】	幼保連携型認定こども園における生活の中で、充実感をもって自分のやりたいことに向かって心と体を十分に働かせ、見通しをもって行動し、自ら健康で安全な生活をつくり出すようになる。	8項	個別の「知識及び技能の基礎」 豊かな体験を通じて、感じたり、気付いたり、分かったり、できるようになったりする「知識及び技能の基礎」	何を理解しているか、何ができるか（生きて働く「知識・技能」の習得）。
イ	自立心 【人間関係】	身近な環境に主体的に関わり様々な活動を楽しむ中で、しなければならないことを自覚し、自分の力で行うために考えたり、工夫したりしながら、諦めずにやり遂げることで達成感を味わい、自信をもって行動するようになる。	4項		
ウ	協同性 【人間関係】	友達と関わる中で、互いの思いや考えなどを共有し、共通の目的の実現に向けて、考えたり、工夫したり、協力したりし、充実感をもってやり遂げるようになる。	4項	「思考力、判断力、表現力等の基礎」 気付いたことや、できるようになったことなどを使い、考えたり、試したり、工夫したり、表現したりする「思考力、判断力、表現力等の基礎」	理解していること・できることをどう使うか（未知の状況にも対応できる「思考力・判断力・表現力等」の育成）。
エ	道徳性・規範意識の芽生え 【人間関係】	友達と様々な体験を重ねる中で、してよいことや悪いことが分かり、自分の行動を振り返ったり、友達の気持ちに共感したりし、相手の立場に立って行動するようになる。また、きまりを守る必要性が分かり、自分の気持ちを調整し、友達と折り合いを付けながら、きまりをつくったり、守ったりするようになる。	5項		
オ	社会生活との関わり 【人間関係】	家族を大切にしようとする気持ちをもつとともに、地域の身近な人と触れ合う中で、人との様々な関わり方に気付き、相手の気持ちを考えて関わり、自分が役に立つ喜びを感じ、地域に親しみをもつようになる。また、幼保連携型認定こども園内外の様々な環境に関わる中で、遊びや生活に必要な情報を取り入れ、情報に基づき判断したり、情報を伝え合ったり、活用したりするなど、情報を役立てながら活動するようになるとともに、公共の施設を大切に利用するなどして、社会とのつながりなどを意識するようになる。	6項	心情、意欲、態度が育つ中で、よりよい生活を営もうとする「学びに向かう力、人間性等」	どのように社会・世界と関わり、よりよい人生を送るか（学びを人生や社会に生かそうとする「学びに向かう力・人間性等」の涵養）。
カ	思考力の芽生え 【環境】	身近な事象に積極的に関わる中で、物の性質や仕組みなどを感じ取ったり、気付いたりし、考えたり、予想したり、工夫したりするなど、多様な関わりを楽しむようになる。また、友達の様々な考えに触れる中で、自分と異なる考えがあることに気付き、自ら判断したり、考え直したりするなど、新しい考えを生み出す喜びを味わいながら、自分の考えをよりよいものにするようになる。	6項	※小学校教育との接続に当たっての留意事項 第1章第2-1 (5) イ　幼保連携型認定こども園の教育及び保育において育まれた資質・能力を踏まえ、小学校教育が円滑に行われるよう、小学校の教師との意見交換や合同の研究の機会などを設け、「幼児期の終わりまでに育ってほしい姿」を共有するなど連携を図り、幼保連携型認定こども園における教育及び保育と小学校教育との円滑な接続を図るよう努めるものとする。	※例「小学校学習指導要領」第1章第2 4「学校段階等間の接続」(1) 幼児期の終わりまでに育ってほしい姿を踏まえた指導を工夫することにより、幼稚園教育要領等に基づく幼児期の教育を通して育まれた資質・能力を踏まえて教育活動を実施し、児童が主体的に自己を発揮しながら学びに向かうことが可能となるようにすること。幼児期の教育及び中学年以降の教育との円滑な接続が図られるよう工夫すること。特に、小学校入学当初においては、幼児期において自発的な活動としての遊びを通して育まれてきたことが、各教科等における学習に円滑に接続されるよう、生活科を中心に、合科的・関連的な指導や弾力的な時間割の設定など、指導の工夫や指導計画の作成を行うこと。→スタートカリキュラムの位置付け
キ	自然との関わり・生命尊重 【環境】	自然に触れて感動する体験を通して、自然の変化などを感じ取り、好奇心や探究心をもって考え言葉などで表現しながら、身近な事象への関心が高まるとともに、自然への愛情や畏敬の念をもつようになる。また、身近な動植物に心を動かされる中で、生命の不思議さや尊さに気付き、身近な動植物への接し方を考え、命あるものとしていたわり、大切にする気持ちをもって関わるようになる。	4項		
ク	数量や図形、標識や文字などへの関心・感覚 【環境】	遊びや生活の中で、数量や図形、標識や文字などに親しむ体験を重ねたり、標識や文字の役割に気付いたりし、自らの必要感に基づきこれらを活用し、興味や関心、感覚をもつようになる。	2項		
ケ	言葉による伝え合い 【言葉】	保育教諭等や友達と心を通わせる中で、絵本や物語などに親しみながら、豊かな言葉や表現を身に付け、経験したことや考えたことなどを言葉で伝えたり、相手の話を注意して聞いたりし、言葉による伝え合いを楽しむようになる。	4項		
コ	豊かな感性と表現 【表現】	心を動かす出来事などに触れ感性を働かせる中で、様々な素材の特徴や表現の仕方などに気付き、感じたことや考えたことを自分で表現したり、友達同士で表現する過程を楽しんだりし、表現する喜びを味わい、意欲をもつようになる。	3項		

この時期の発達の特徴を踏まえ、教育及び保育のねらい及び内容を乳幼児の発達の側面から、乳児は三つの視点として、幼児は5つの領域としてまとめ、の全体を通じ、園児が様々な体験を積み重ねるなかで相互に関連をもちながら次第に達成に向かうもの／内容は、園児が環境に関わって展開する具体質・能力が育まれている園児の認定こども園修了時の具体的な姿であることを踏まえ、指導を行う際に考慮する。

2 コマ目　子どもの理解に基づく養護と教育の一体的展開

●図表2-5　3つの視点から5領域及び育ってほしい姿への対照表（全体）

乳児期の園児	満1歳以上満3歳未満の園児
基本的事項	基本的事項
1　乳児期の発達については、視覚、聴覚などの感覚や、座る、はう、歩くなどの運動機能が著しく発達し、特定の大人との応答的な関わりを通じて、情緒的な絆が形成されるといった特徴がある。これらの発達の特徴を踏まえて、乳児期の園児の保育は、愛情豊かに、応答的に行われることが特に必要である。 2　本項においては、この時期の発達の特徴を踏まえ、乳児期の園児の保育のねらい及び内容については、身体的発達に関する視点「健やかに伸び伸びと育つ」、社会的発達に関する視点「身近な人と気持ちが通じ合う」及び精神的発達に関する視点「身近なものと関わり感性が育つ」としてまとめ、示している。	1　この時期においては、歩き始めから、歩く、走る、跳ぶなどへと、基本的な運動機能が次第に発達し、排泄の自立のための身体的機能も整うようになる。つまむ、めくるなどの指先の機能も発達し、食事、衣類の着脱なども、保育教諭等の援助の下で自分で行うようになる。発声も明瞭になり、語彙も増加し、自分の意思や欲求を言葉で表出できるようになる。このように自分でできることが増えてくる時期であることから、保育教諭等は、園児の生活の安定を図りながら、自分でしようとする気持ちを尊重し、温かく見守るとともに、愛情豊かに、応答的に関わることが必要である。 2　本項においては、この時期の発達の特徴を踏まえ、保育のねらい及び内容について、心身の健康に関する領域「健康」、人との関わりに関する領域「人間関係」、身近な環境との関わりに関する領域「環境」、言葉の獲得に関する領域「言葉」及び感性と表現に関する領域「表現」としてまとめ、示している。
3つの視点より	5領域より
健やかに伸び伸びと育つ	健康
〔健康な心と体を育て、自ら健康で安全な生活をつくり出す力の基盤を培う。〕	〔健康な心と体を育て、自ら健康で安全な生活をつくり出す力を養う。〕
(1) 身体感覚が育ち、快適な環境に心地よさを感じる。 (2) 伸び伸びと体を動かし、はう、歩くなどの運動をしようとする。 (3) 食事、睡眠等の生活のリズムの感覚が芽生える。	(1) 明るく伸び伸びと生活し、自分から体を動かすことを楽しむ。 (2) 自分の体を十分に動かし、様々な動きをしようとする。 (3) 健康、安全な生活に必要な習慣に気付き、自分でしてみようとする気持ちが育つ。
身近な人と気持ちが通じ合う	人間関係
〔受容的・応答的な関わりの下で、何かを伝えようとする意欲や身近な大人との信頼関係を育て、人と関わる力の基盤を培う。〕	〔他の人々と親しみ、支え合って生活するために、自立心を育て、人と関わる力を養う。〕
(1) 安心できる関係の下で、身近な人と共に過ごす喜びを感じる。 (2) 体の動きや表情、発声等により、保育教諭等と気持ちを通わせようとする。 (3) 身近な人と親しみ、関わりを深め、愛情や信頼感が芽生える。	(1) 幼保連携型認定こども園での生活を楽しみ、身近な人と関わる心地よさを感じる。 (2) 周囲の園児等への興味・関心が高まり、関わりをもとうとする。 (3) 幼保連携型認定こども園の生活の仕方に慣れ、きまりの大切さに気付く。
身近なものと関わり感性が育つ	環境
〔身近な環境に興味や好奇心をもって関わり、感じたことや考えたことを表現する力の基盤を培う。〕	〔周囲の様々な環境に好奇心や探究心をもって関わり、それらを生活に取り入れていこうとする力を養う。〕
(1) 身の回りのものに親しみ、様々なものに興味や関心をもつ。 (2) 見る、触れる、探索するなど、身近な環境に自分から関わろうとする。 (3) 身体の諸感覚による認識が豊かになり、表情や手足、体の動き等で表現する。	(1) 身近な環境に親しみ、触れ合う中で、様々なものに興味や関心をもつ。 (2) 様々なものに関わる中で、発見を楽しんだり、考えたりしようとする。 (3) 見る、聞く、触るなどの経験を通して、感覚の働きを豊かにする。
身近な人と気持ちが通じ合う	言葉
〔受容的・応答的な関わりの下で、何かを伝えようとする意欲や身近な大人との信頼関係を育て、人と関わる力の基盤を培う。〕	〔経験したことや考えたことなどを自分なりの言葉で表現し、相手の話す言葉を聞こうとする意欲や態度を育て、言葉に対する感覚や言葉で表現する力を養う。〕
(1) 安心できる関係の下で、身近な人と共に過ごす喜びを感じる。 (2) 体の動きや表情、発声等により、保育教諭等と気持ちを通わせようとする。 (3) 身近な人と親しみ、関わりを深め、愛情や信頼感が芽生える。	(1) 言葉遊びや言葉で表現する楽しさを感じる。 (2) 人の言葉や話などを聞き、自分でも思ったことを伝えようとする。 (3) 絵本や物語等に親しむとともに、言葉のやり取りを通じて身近な人と気持ちを通わせる。
身近なものと関わり感性が育つ	表現
〔身近な環境に興味や好奇心をもって関わり、感じたことや考えたことを表現する力の基盤を培う。〕	〔感じたことや考えたことを自分なりに表現することを通して、豊かな感性や表現する力を養い、創造性を豊かにする。〕
(1) 身の回りのものに親しみ、様々なものに興味や関心をもつ。 (2) 見る、触れる、探索するなど、身近な環境に自分から関わろうとする。 (3) 身体の諸感覚による認識が豊かになり、表情や手足、体の動き等で表現する。	(1) 身体の諸感覚の経験を豊かにし、様々な感覚を味わう。 (2) 感じたことや考えたことなどを自分なりに表現しようとする。 (3) 生活や遊びの様々な体験を通して、イメージや感性が豊かになる。

出典:「幼保連携型認定こども園教育・保育要領」をもとに作成

満3歳以上の園児	幼児期の終わりまでに育ってほしい姿（10項目）とは
基本的な事項	
1　この時期においては、運動機能の発達により、基本的な動作が一通りできるようになるとともに、基本的な生活習慣もほぼ自立できるようになる。理解する語彙数が急激に増加し、知的興味や関心も高まってくる。仲間と遊び、仲間の中の一人という自覚が生じ、集団的な遊びや協同的な活動も見られるようになる。これらの発達の特徴を踏まえて、この時期の教育及び保育においては、個の成長と集団としての活動の充実が図られるようにしなければならない。 2　本項においては、この時期の発達の特徴を踏まえ、教育及び保育のねらい及び内容について、心身の健康に関する領域「健康」、人との関わりに関する領域「人間関係」、身近な環境との関わりに関する領域「環境」、言葉の獲得に関する領域「言葉」及び感性と表現に関する領域「表現」としてまとめ、示している。	第2章に示すねらい及び内容に基づく活動全体を通して資質・能力が育まれている園児の幼保連携型認定こども園修了時の具体的な姿であり、保育教諭等が指導を行う際に考慮するものである。
5領域より	**10項目より**
健康	【健康な心と体】
〔健康な心と体を育て、自ら健康で安全な生活をつくり出す力を養う。〕 (1) 明るく伸び伸びと行動し、充実感を味わう。 (2) 自分の体を十分に動かし、進んで運動しようとする。 (3) 健康、安全な生活に必要な習慣や態度を身に付け、見通しをもって行動する。	
人間関係	【自立心】 【協同性】 【道徳性・規範意識の芽生え】 【社会生活との関わり】
〔他の人々と親しみ、支え合って生活するために、自立心を育て、人と関わる力を養う。〕 (1) 幼保連携型認定こども園の生活を楽しみ、自分の力で行動することの充実感を味わう。 (2) 身近な人と親しみ、関わりを深め、工夫したり、協力したりして一緒に活動する楽しさを味わい、愛情や信頼感をもつ。 (3) 社会生活における望ましい習慣や態度を身に付ける。	
環境	【思考力の芽生え】 【自然との関わり・生命尊重】 【数量や図形、標識や文字などへの関心・感覚】
〔周囲の様々な環境に好奇心や探究心をもって関わり、それらを生活に取り入れていこうとする力を養う。〕 (1) 身近な環境に親しみ、自然と触れ合う中で様々な事象に興味や関心をもつ。 (2) 身近な環境に自分から関わり、発見を楽しんだり、考えたりし、それを生活に取り入れようとする。 (3) 身近な事象を見たり、考えたり、扱ったりする中で、物の性質や数量、文字などに対する感覚を豊かにする。	
言葉	【言葉による伝え合い】
〔経験したことや考えたことなどを自分なりの言葉で表現し、相手の話す言葉を聞こうとする意欲や態度を育て、言葉に対する感覚や言葉で表現する力を養う。〕 (1) 自分の気持ちを言葉で表現する楽しさを味わう。 (2) 人の言葉や話などをよく聞き、自分の経験したことや考えたことを話し、伝え合う喜びを味わう。 (3) 日常生活に必要な言葉が分かるようになるとともに、絵本や物語などに親しみ、言葉に対する感覚を豊かにし、保育教諭等や友達と心を通わせる。	
表現	【豊かな感性と表現】
〔感じたことや考えたことを自分なりに表現することを通して、豊かな感性や表現する力を養い、創造性を豊かにする。〕 (1) いろいろなものの美しさなどに対する豊かな感性をもつ。 (2) 感じたことや考えたことを自分なりに表現して楽しむ。 (3) 生活の中でイメージを豊かにし、様々な表現を楽しむ。	

2コマ目　子どもの理解に基づく養護と教育の一体的展開

子どもに対する共感的理解と保育

今日のポイント

1 保育者が子どもを理解するためには、受容と共感が必要である。

2 子どもとの関わりで何を目指すかを考えることが、自分の保育観を知ることにつながる。

3 保育者には、子どもに対しても保護者に対しても共感的理解に基づいた関わりが求められる。

1 子どもに対する共感的理解

1 受容と共感

受容と共感については12コマ目でも学んでいきましょう。

「受容」と「共感」という言葉を耳にしたことはありますか。受容とは、「自分（受け取り手）の評価や判断を加えずに、相手のありのままを受け入れようとすること」（谷田部公昭・原裕編集代表『子ども心理辞典』一藝社、2011年、215頁）です。共感とは、他者の感情状態を、態度や表情や言動から推測して、あたかも自分が感じているかのように感じ取ることです。「他者の立場でものを感じ、考え、必要に応じて自分の立場に戻ることもできる柔軟で利他的な感情の動き」（谷田部公昭編集代表『改訂新版　保育用語辞典』一藝社、2019年、100頁）です。

子どもにとっての受容と共感について、倉橋惣三は「心もち」という言葉を使って、次のようにふれています。

> 　子どもは心もちに生きている。その心もちを汲んでくれる人、その心もちに触れてくれる人だけが、子どもにとって、有難い人、うれしい人である。
>
> 出典：倉橋惣三『育ての心　上』フレーベル館、1976年、34頁

「受容」と「共感」という言葉も、一般に使われている意味と多少異なります。受容は、相手の気持ちや考えを否定せず受け止めることですが、自分の価値観や判断とちがっていても「よし」と評価することではありません。また、共感は、自分も相手と同じ感情を感じて一緒に歓喜したり泣いたりすること（同情）ではなく、相手はきっとこのような気持ちなのだろうと想像する（慮る）ことです。

このことについて考えてみましょう。あなたは自分が困ったとき、それ

もとてもショックを受けたとき、誰に相談しますか。たとえば、部活動の友だちであるＡさんとはとても仲がよく、本音で話せる親友と思っていました。ところが、ある日、同じ部活動仲間のＢさんから「Ａさんがあなたのことを、『親友とは思っていない。自分を利用しようと近づいてきて困っている』と言っている。気をつけた方がいい」と忠告されました。Ｂさんとはあまり話したこともなく、突然Ａさんのことを悪く言われて嫌な気持ちになりました。このことをクラスの友だちに相談するとしたら、どのような友だちに聞いてほしいですか。もちろん、相手が「本当にそうだね」と自分と同じ考えや判断を示せば安心します。「そんなこと言うなんてＢさんはひどいね。私だったら耐えられない」と悲しみや怒りの感情をこめたことを言われれば、慰められるし気持ちが落ち着きます。これらの反応は「同情」とは呼べますが、共感とは異なります。

　本当にショックなこと、これからどうするか決められなくて悩んでいるときは、「そうだね。それはつらいよね、Ａさん。Ｂさんに何て言いたい？何でも聞くから話してみて」というように、相手がどんな気持ちなのだろうと想像して、その気持ちに寄り添うことが「共感」です。そして、「でもＡさん、Ｂさんの言うこともよく聞いてみたら、別の見方ができるかもしれないよ」などと冷静に指摘して、一緒に側で気持ちが収まるのを待ってくれる友だちを信頼できると感じるでしょう。

　子どもの場合は、怒っている、悔しい、悲しいなど、子どもの気持ちを保育者が言葉に表す（代弁する）ことにより、感情を自覚すること・コントロールすることを促すのも、保育者の「共感」の役割です。「痛かったね」「イヤだったんだね」「せっかく高く積んだ積み木を○○ちゃんに壊されて、悲しかったね」などという子どもへの言葉かけは、保育者が子どもの気持ちに寄り添っていることを子どもに伝えると同時に、子どもが自分の感じている感情を嫌だった、悲しかったと言葉でとらえることを促す意味をもっています。そして、そのような関わりから保育者との信頼関係が築かれ、子どもは安心して自分を表現することができるようになります。つまり、保育者の存在が「安全基地」となって子どもは安心して活動したり、自分を表現したりすることができて成長していきます。

また、けんかなどのトラブルが起きたときなどにも、保育者の共感して見守る役割が必要です。たとえば、CちゃんがDちゃんの遊んでいた電車のおもちゃをとって遊びはじめました。Dちゃんは必死に取り返そうとしますが、Cちゃんは渡しません。2人とも楽しく遊べなくて困っています。このような状況のとき、「あらあら、どうしたの？」と声をかけて見守り、「Cちゃんは電車大好きね。Dちゃんが遊んでいるからずっと待っていたんだよね」「Dちゃんは急に電車をとられてびっくりしたんだね」「貸してほしいときには何て言うのかな？」などと、それぞれの子どもの気持ちを代弁します。そして、その場の状況や原因がわかるような声かけをして、「貸して」「この線路の端まで走ったあとならいいよ」「うん」などとお互いが言葉で主張したり、子どもが自分から「ごめんね」「いいよ」と仲直りできるように導きます。

■2　子ども理解における共感的な見方

　「子どもに対して共感的な見方をする」ということは、一見困った、マイナスに見える子どもの行動に対する見方を変化させることができます。

①子どもへのまなざし

　あなたは、「まなざし」という言葉にどのようなイメージをもっていますか。「赤ちゃんの寝顔に温かいまなざしを注ぐ」のように、ただ単に「見る」のではなく、共感的に、意図的に注意を向けるという意味合いが感じられる言葉です。ここでは、まなざしという言葉を保育と関連させて考えてみましょう。

　たくさんの親子と関わってきた児童精神科医の佐々木正美が書いた『子どもへのまなざし』（福音館書店、1998年）という本があります。そのなかに、保育所に迎えにきた親子の会話が掲載されています。いつもはちゃんと歩いて帰る子どもが「おんぶして」と言うと、「何言ってるの、足があるでしょう」と親が怒りました。それを見た園長先生は、担任の先生にその子どもに今日、園で何があったのかを聞いてみます。すると、けんかして泣かされたなどつらいことがあったとのことです。つまり、「おんぶして」は、「ちょっと気持ちをなぐさめてほしかった」というサインだったわけです。そんなとき、「そうか……おんぶしてほしいのね」とちょっとおんぶしてあげれば、子どもの気持ちが落ち着くのです。子どもの気持ちを受け止める「まなざし」の大切さについて書かれたエピソードです。また、佐々木は、「乳児期は人格の基礎をつくる大事な時期」で、子育てにおいてこの時期の重要性を説いています。乳児は自分の欲求を何ひとつ自分でかなえることができないのであり、泣くことで周りの人に自分の希望を伝え、それが望んだとおりにかなえられる経験を通して自分や世界を信じるようになります。「ほとんど全てのことに関して、乳幼児期は子どもの要求を可能なかぎり、要求どおりに聞きいれてあげることが、子どもが豊かに人を信頼し、そして自分を信じていける子になるための前提で」あり、「養育者はそのことを十分に知っていなくてはならない」と述べています。

　佐々木は、親からみると「困った」ととらえられがちな手のかかる子についても、温かい「まなざし」でとらえています。『子どもの心の育て方』（河出書房新社、2016年）という本では、「親に手をかけさせる子どものほうが、いい子だと思うのです。そうした子は、親や保育者が愛情をかけてやる機会が多いということですから、長い目でみれば、本当は育てやすい子なのです。小さいときに親を楽させてくれる子が、いい子だと思うのは思いちがいなのです」と述べ、「『いい子』とは大人にとって『都合のいい子』のことです。いい子だからかわいがるのではなく、かわいがるから本当のいい子になるのです」と述べています。

②発達の芽

　20年を超える保育所勤務の経験をもとに、保育所や幼稚園で研修会や講演を行っている今井和子は、一見マイナスに見える子どもの問題行動を「発達の芽」ととらえています。子どもの「こうだったらいいのにな」という願いが今の自分の力ではかなわず、その葛藤が自分をコントロールできない悩みとなり、どうしたらいいかわからず困っているとき、問題行動につながるといいます。だから、大人は「今困っているんだね、何を困っているのかな？」と子どもの悩みを理解し、共感しようとすることで、子どもの内面に対する関心が生まれ、「困っているときに支えてくれる大人の存在を支えに、子どもは葛藤を乗り越えていくことができる」といいます。

　保育士歴60年の大川繁子は、長い実践経験から、「子どもの『困った』はプラスの面を捉えてみる」とよいと述べています。自分の子どもがほかの子どもに噛みついたりおもちゃをとったりしたら、親はとても気にします。しかし、子どもの「困った」は成長の軌跡です。困ったことをしたら、「まずは『あッ、こんなことができるようになったんだな』と、一緒によろこびましょうよ」と、親に助言しています。そして、「『まあいいか』の気持ちって、楽しくしなやかに生きていくうえですごく大切だと思っています」と、大人が子どもに対して「大らかに思える気持ち」を示すことの大切さを述べています。

③期待して見ること

　子どもへの共感的な見方について、「期待して見ること」という観点から考えてみましょう。

　『窓際のトットちゃん』（講談社、1991年）は、テレビタレントの黒柳徹子の子どものころのことを書いた話として知られています。小学校1年生に入学した好奇心旺盛な「トットちゃん」は、先生が困ってしまう行動をしてしまいます。窓際に立って外を見ているとき、屋根の下にある巣のなかのつばめに「なにしてるの？」と話しかけたり、学校の机のふたが開け閉めできることが面白くて、パタパタと音をたてて鉛筆やノートを一つずつ出し入れし続けたりします。先生に注意されると止めようとするのですが、なぜだろう、こうしたらどうなるのだろう、やってみたい、という気持ちが強く、「みんなで一緒に」活動することができません。担任の先生からトットちゃんの「迷惑な行動」を聞かされ、トットちゃんの母親は「この子の性格をわかってくれてみんなと一緒にやっていくことを教えて

くれるような学校」に移った方がよいと考え、トモエ学園に転校し、そこで校長の小林先生に出会います。小林先生は、最初に「なんでも、先生に話してごらん。話したいこと、ぜんぶ」と言って、トッちゃんの話を4時間じっくり聞いたあと、「じゃ、これで君は、この学校の生徒だよ」と受け入れます。トモエ学園でも、トットちゃんは先生たちがびっくりするような事件をいくつも起こしたのですが、校長先生はトットちゃんを見かけると、いつも「君は、ほんとうは、いい子なんだよ」と言います。トットちゃんは自分には「いい子のところ」がたくさんあると思い、校長先生の言葉はトットちゃんの心のなかに「わたしは、いい子なんだ」という自信をつけてくれました。

　以上の話からわかるように、保育者や教師が、子どもの可能性に期待して言葉をかけたり共感的に関われば、子どもの自己肯定感*を育んでいくことにつながります。これらのことは、「教師が期待すると子どもが伸びる」というピグマリオン効果*（教師期待効果）と関連させてとらえることもできます。

重要語句

自己肯定感

→自己の能力や価値についての肯定的な評価と、そのことによって生じる感情。発達心理学では自尊感情という用語が使われてきた。

ピグマリオン効果

→保育者・教育者が子どもに期待を抱くと、無意識に期待に沿った働きかけを行い、子どももそのことを感じて、実際に成果があがること。ローゼンタールらの研究によるもので、教師期待効果とも呼ばれる。

2　子どもとの関わりにおいて目指すもの

1　子どもの目線に立つということ

　保育者を目指している学生から、「子どもの目線に立った保育者になりたい」という言葉をよく聞きます。しかし、保育や子どもの発達について学んでいくにつれ、子どもの目線に立つことは、予想以上に難しいことに気づきます。1コマ目でもふれたとおり、自分の子どものころの感じ方、まわりの人の言動をどう受け止めたのか、なぜ駄々をこねたり、皆と一緒に活動しなかったのかなど、そのとき思ったことや考えたことは大人になると覚えていません。だから自分の経験に基づいて簡単に想像できるものではないのです。発達についての知識をもとに一つひとつの事例を考えたり、ほかの人の感じ方を知って見方が広がったり、そのようなことを積み重ねてはじめて、「○○ちゃんは今こう思っているのかな？」「困っているのかな？」「怒っているのかな？」「悲しいのかな？」などと、いくつかのパターンを想像できる、つまり「子どもの目線」に立てるようになっていきます。

①子どもの思いをくみとる

　幼稚園園長を経て大学で保育者養成をしている塚本美知子は、保育者の子ども理解について、「子ども理解とは、子どもの内面を理解するということ」とし「同じ活動をしていても、子どもにとっての意味は同じではない。保育者は、一方的に決めつけずに、『こんな気持ちだろうか』『これは何のためだろうか』などと思いを巡らすことが大切」であるとしています。また、「子どもの行為の意味を解釈することが大切であり、解釈の仕方によって保育者の関わり方が異なる。『長い目でみること』『肯定的にみるこ

と』が大切である」(『子ども理解と保育実践——子どもを知る・自分を知る』萌文書林、2013 年) としています。

さらに、保育者が子どもに与える影響について、「子どもの内面、言葉に表現できない心の内を理解してくれる保育者が身近に存在し、適切な援助があるとき、子どもは自分自身の力を発揮することができるようになる」とし、子ども自身の伸びようとする芽、心身の発達を促すための役割の大きさにふれています。

「くみとる」という言葉の「くむ」は、漢字で書くと「汲む」、つまり「すくい上げる」という意味です。日常生活のなかでは、「そこのところは思いをくんで、何とか配慮してほしい」のように、「相手の状況や意図・感情を想像して理解する」という意味で使われます。そのことから考えると、「くみとる」とは、「相手の思いを想像してすくい上げて、とらえる」ということです。

「子どもの思い」は、大人 (保育者) からは理解することが難しいものです。「子どもの思いをくみとる」ことは、直接見えない「そのときその場の子どもの思い」を想像し、すくい上げようとしてはじめてできることなのです。そして、「子どもの思いをくみとろう」としている保育者が側で見守ってくれることで、子どもは安心して過ごすことができ、成長していきます。

②それぞれの子どもの目線で

保育の現場は、子どもたちが集団生活する場です。①では一人ひとりの子どもへの個別な声かけや関わりについて考えてみました。ここでは複数の子どもの成長を考えて関わるという観点から、『かかわる・育つ 子どもを見る目が広がる保育事例集』(髙梨珪子・塚本美知子編著、東洋館出版社、2007 年) で紹介されている事例について考えてみましょう。

次の場面で、あなたが保育者だったら、子どもとどのように関わりますか。また、なぜそうするのでしょうか。

事例 | **やってあげる？ 呼んでくる？**

11 月、4 歳児クラスの E ちゃんが自分の傘を傘立てにしまおうとして、ちゃんと巻いていない傘が 1 本あることに気づきます。保育者がその傘を取り出そうとしますが、ほかの傘にひっかかってうまくいきません。その様子を見た G ちゃんは「あっ、F ちゃんの傘だ。F ちゃん、呼んでくるね」と F ちゃんを呼びにいきます。E ちゃんは「わたしが巻いてあげる」とその傘を取り出そうとします。

出典：髙梨珪子・塚本美知子編著『子どもを見る目が広がる保育事例集』東洋館出版社、2007 年、168 頁

筆者が授業でこの事例をとりあげたところ、学生からは次のような対応が出されました。

- ・Fちゃんに「傘はきちんと巻いてしまわないと、ひっかかってしまって大変。これからは気をつけようね」と伝えて、注意を促す。
- ・Eちゃんに「ありがとう」と、傘が絡んで困った事態を解決しようとしたことを褒める。
- ・Gちゃんに「呼びにいってくれてありがとう」と言う。

　Eちゃんが傘を巻いてくれたところにFちゃんが来たら、どう感じるでしょうか。Fちゃんは、うっかり傘を巻き忘れたのでしょうか。保育者は、Fちゃんにきちんと状況を見せたいと、Eちゃんに「Fちゃんを待っていよう」と伝えます。Fちゃんは現場で傘を巻こうとしますが、なかなかうまくいかず何度もやり直します。保育者は「Eちゃんが気がついた」「Gちゃんが呼びにいってくれた」ことをFちゃんに伝え、Fちゃんは2人に「そうだったんだ。ありがとう」と言います。さらにFちゃんには、傘をきちんと巻くことができるよう改めて指導します。

　以上の事例から、毎日の保育を通して、一人ひとりの子どもの状態をていねいに把握し、その子どもに応じた援助を考え、自分でやろうとする気持ちと自分でできる力を育てていくことの大切さがわかります。

2　子どもが集団から学ぶこと

　日々の保育を通して子どもに育みたいことの一つに、ほかの人（子ども）は自分とは違うこと、つまり「皆がそれぞれ違うということの理解」があります。たとえばそれは、自分にはできないことができたり気持ちも同じではないことなどを、まわりの子どもと遊んだり一緒に活動するなかで少しずつ理解していくものです。最近は、家や地域でさまざまな人と過ごす経験が少ない子どもが多くなり、保育所等は子どもの集団や複数の大人と接する貴重な場です。

　年齢や発達状況の異なる子どもが一緒に関わる縦割り保育*は、多くの園で取り入れられています。年長の子どもをモデルにして「すごいなあ。自分もあんなふうにできるようになりたい」と年少の子どもたちががんばり、また、年長児は、自分より小さい年齢の子どもと関わることで成長します。

　発達障害のある子どもが、発達障害のない子どもたちのクラスで毎日一緒に過ごし、子どもたちがともに成長していった事例について、『すずちゃんののうみそ』（竹山美奈子、岩崎書店、2018年）という絵本をもとに見ていきましょう。障害のある子どもにその発達に応じた保育をしようと「分離」するのではなく、「心身に障害のある子どもと障害のない子どもを同じ場所、同じ集団のなかで、一緒に保育を行う形態」が統合保育*です。障害だけでなく多様な違いをもつ子どもをともに保育する、インクルーシブ保育*とも呼ばれています。

『すずちゃんののうみそ』の話を見ていきましょう。すずちゃんは、年長さんになってもスプーンもうまく使えません。おしゃべりもできないし、靴も一人ではけません。そんなすずちゃんを、子どもたちは不思議に思って「どうしてすずちゃんは○○できないの?」とすずちゃんの母親に理由を聞きます。すずちゃんの母親は、すずちゃんの脳がみんなとは違っていて、やろうとしてもできないことがたくさんあることを話します。子どもたちは、すずちゃんがなぜできないことがたくさんあるのかを理解し、手伝ったり教えたりしながら一緒に遊び、すずちゃんのうれしそうな様子を感じてともに喜び、毎日一緒に生活するなかでお互いに成長していきます。

　幼児期は、心身の発達に合わせて基本的な生活習慣や集団のなかで生活するために必要なことを身につける時期です。それと同時に、「友だちと関わるなかで、互いの思いや考えなどを共有」していくという「協同性」を育むことも大切で、この「協同性」は、「幼児期の終わりまでに育ってほしい姿」の一つとしてもあげられています。

3　個性化と社会化

　子どもの成長や発達には、主に2つの側面があるといわれています。1つ目は「社会化」で、「社会のなかで生きていくために必要な社会的ルールや考え方、行動様式を身につけていく発達」です。2つ目は「個性化」で、「子どもの気質や才能、欲求や興味を尊重するなかで、子どもが自分を基本的に好きになり、自分の個性に自信をもつようになる発達」です。その子らしさを大切にして成長を促していく「個性化」の側面は、特に月齢、年齢が低い子どもたちの保育においては大切です。しかし、まわりの友だちや先生と仲よく生活していくためには、自分の気持ちをコントロールしたりがまんしたりなど、「社会化」も身につけていかなくてはなりません。保育所等や幼稚園は、子どもが多くの子どもや大人と接する場です。保育者がこの2つの側面を意識して子どもと関わることが、「幼児期の終わりまでに育ってほしい姿」にある道徳性・規範意識の芽生えを育てていくことにつながっていきます。

3　共感的理解と保育者

1　共感的理解と保育における指導・援助

　2コマ目で見てきたように、保育は養護と教育が一体となって展開するもので、保育者は、養護を必要としている対象(子どもや親など)が必要としていることを援助することが求められます。ここでは、「相手の立場に立って、相手を理解する」ために必要なこととして、共感的理解について学びます。そして、保育者による指導・援助が共感的理解に基づくものであることを見ていきます。

①共感的理解とカウンセリングマインド

　共感的理解とは、①共感性（他者の立場に立ってその人の感情を推測し、同様の感情を共有しようとするプロセス）に基づき他者を理解する、②相手（クライエント）が何を感じ、何を考えているか、その内的世界を一緒に相手の身になって理解することの2つを指します。

　子どもの心を理解するためには、子どもの世界に共感することが必要です。そのためには、大人であっても「子ども心」をもっていることが必要となります。「子ども心」は「遊び心」から生まれます。「遊び心」はユーモアのセンスに通じるもので、これがないと子どもはなかなか近寄ってきません。

　保育所等や幼稚園で行われる保育は、保育者主導から子ども中心へと変わってきています。しかし、子ども中心とは、何でも子どもに任せて放任することではありません。保育者がそばで見守り、子どもの遊びや活動において自律的な問題解決が難しい場面では、状況を好転させる言葉かけや共感的な関わりをすることが必要です。どのように保育者は子どもに関わったらよいのか、実際には難しいことです。保育者には「幼児や保護者の立場を尊重した関わりをしていけるようになる」ことが求められ、これはカウンセリングマインドと呼ばれています。

　一方、『保育学用語辞典』においては、保育におけるカウンセリングマインドを次のように表しています。

> 　保育者が子どもと保護者に対してあたたかく肯定的な関心を示し、自ら育とうとする力を信頼して関わる姿勢、いいかえれば、子どもや保護者の思いや願いを丁寧に受けとめ、見守ったり待ったりしながら共感的に理解し、援助し続けようとする姿勢のこと。
> 出典：秋田喜代美監修『保育学用語辞典』中央法規出版、2019年、84頁

②保育者による指導・援助

　ここでは、保育者による指導・援助が共感的理解に基づくものであることを見ていきましょう。

　前述の『保育学用語辞典』では、保育者による指導・援助として、「言葉かけ」「見守る／待つ」「共感的関わり」「応答的関わり」などをとりあげています。

　「言葉かけ」「見守る／待つ」は、保育者が日常的に子どもに接する行動ですが、その保育者の行動のもつ意味を次のように書いています。

プラスワン

子ども心
ここでは、主観的・感覚的・感情的・非論理的・非日常的・非常識的で夢がある、子どもっぽいところを指す。

カウンセリングマインド
一般的には、援助する側のカウンセラーが援助を必要としているクライエントに対して、温かく肯定的に関心を向けて、クライエント自身が問題に向き合い成長していく力を信頼して、関わる姿勢。カウンセリングを行う際に、相談員であるカウンセラーが心がけるべき態度・姿勢を指す和製英語。

> 　個々の子どもの気持ちに寄り添ったことばをかけることで子どもが前向きになったり、遊びが発展したり、興味が高まったりします。また、子どもが何かに挑もうとしたり、葛藤場面に直面した状況で、保育者があえて介入しないことで、子どもの自発的な問題解決を促します。
> 出典：秋田喜代美監修『保育学用語辞典』中央法規出版、2019 年、101 – 102 頁

　「共感的関わり」は、共感的理解そのものです。保育のなかで子どもは、うれしい、楽しい、寂しい、悔しいなど、いろいろな感情を経験します。そうした子どもの感情に対して、その子の目線で、その子と同じように感じ、その子が見たまま、聞いたまま、感じたままを重視して保育者が関わることによって、子どものネガティブな感情が緩和されたり子どもが保育者を信頼することにつながります。

　「応答的関わり」では、保育者が子どもの気持ちや思いを読み取ったうえで応答することが大切であるとしています。保育者が子どもの話を注意深く真剣に聞くことで、子どもが「自分のことを理解してくれている」と感じることができます。

　このように、保育者の行う指導・援助のもつ意味を見ていくと、保育者の子どもへの関わりが共感的理解に基づいていることがわかります。

2　共感的理解に基づく保育

　ここでは、共感的理解に関して、保育者にどのようなことが求められるのかを見ていきます。

①保育者に望まれること

　保育は養護と教育が一体となった働きかけであり、保育者には養護する役割と教育する役割の両方が必要だとされます。子どもをよりよく育てるために、養護的にも教育的にも関わることが保育です。そして、関わる相手は子どもだけではありません。保育者は、子どもの発達に関する知識・技術をもっている専門家として、子どもや親（養育者）などに指導や援助する立場で関わります。日々いろいろなことに葛藤しながら成長・発達している子どもはもちろん、大人である親も自分の子育てのうまくいかないところに悩んでいます。もし保育者が、子どもや親の望ましくない行動に対して、「どうしてそんなことをするのですか？」と否定的な受け止め方をして接したら相手は非難されたと感じ、「この人は自分のことを理解してくれない」と思い、「何に困っているのか」「なぜそうしたのか」を話してくれません。「とてもつらそうですね。何があったのですか？」と相手の気持ちに共感した言葉をかければ、「実はこんなことがあって……」と心を開いて話してくれます。そして、その内容を聞くことで、どのような援助や支援をしたらよいかを考えることができます。カウンセリング*では「ラポール*」と呼ばれる信頼関係が必要です。保育者と子どもや親との間にも信頼関係が必要です。そのためにはまず共感的理解が必要なのです。

重要語句

カウンセリング

→ラテン語のコンシリウムに由来する言葉で、日本語では「相談」。援助を必要とする人（クライエント）に、専門的訓練を受けて相談を受ける人（カウンセラー）が、面談などの言語的手段によって心理的影響を与えて問題解決を助ける過程を指す。

ラポール

→カウンセラー（援助する側の人）とクライエント（援助を必要としている人）の間に信頼関係ができていて安心できる状態のこと。カウンセリングを効果的に進めるために必要不可欠なもの。

教育相談の現場を経て大学で保育者養成をしている平井信義は、「望ましい保育者」について次のように書いています。

> 望ましい保育者とは、人間として望ましい人格の持ち主であることはいうまでもないが、それが子どもに向けられたときには、「思いやり」のあることが第一に望まれる。「思いやり」とは、子どもの立場に立って考え、子どもの気持ちをくむことのできる能力である。これを共感的理解の能力といってもよい。
> 出典：平井信義『保育者のために』新曜社、1986年、232頁

　そして、保育者養成については、「幼児の心に共感的理解のできる保育者」「自主性の豊かな保育者」を育てるために、カリキュラムや授業の方法、実習の方法を検討すること、幼児教育の本質について理解している保育者の協力体制が必要であるとしています。この本が書かれたのは30年以上前ですが、社会情勢の変化により、保育士に求められる役割はさらに多くなっています。「保育・幼児教育の無償化」によって、保育士不足、保育の質の向上にも関心が高まる一方で、保育士が働きやすい社会をつくる必要にも目が向けられ、保育士の処遇改善やキャリアアップについても制度変更が進められています。

　これからの保育者を目指す皆さんは、「保育者に求められるもの」と「自分がどのような保育者を目指すのか」「保育士としてどのようにキャリアを積んでいくのか」を合わせて考えることが必要です。

②共感的理解を高めるために

　共感する力を高めるには、どのような知識やトレーニングが必要なのでしょうか。また、どのような人が共感する力が高いのでしょうか。

　『子どもの発達と保育カウンセリング』（次郎丸睦子・五十嵐一枝・加藤千佐子・高橋君江、金子書房、2000年）によれば、「保育者および心理臨床家たるものは、深い洞察力と豊かな人間性が問われる」とされており、保育カウンセラー*としての6つの要件のなかに「自己を練り上げる」をあげています。「人との関わりをもつには、人間として精神的に心豊かなものを自ら身につけることが必要であり、経験が自己を練り上げるための財産となる。しかし、『年齢の功』を待ってはいられない。心理学の知識だけでなく、絵画、映画、文学にふれ、思想や哲学に親しむなど、積極的な努力によって、はじめてカウンセリングに必要な精神的な幅とゆとりができる」とし、実際の経験だけでなく、読書などによって広く世界を知る経験をすることの大切さを説いています。

　心理学者であり、大学で保育者養成に携わった波多野完治も、若い保育者に対して、教養書や小説などの読書を習慣づけることをすすめています。しかし同時に、保育者には、人間性やその人の生きて経験してきたことが重要であると述べています。保育者は、子どもとウラもオモテもなく生活するので、まず人間的であることが求められます。小学校以降の学校教育では認識を軸に子どもと接するのに対し、幼児が対象である保育・幼児教

重要語句

保育カウンセラー

→「カウンセリングの理論と技術を生かし、保育の質の向上を図るとともに、子どもに関わるすべての人たちが円滑な関係を築けるよう援助する」役割を担う。公益社団法人全国私立保育園連盟が認定する資格。

プラスワン

保育カウンセラーとしての6つの要件

①自己を知る
②自己を練り上げる
③ロジャースの3条件*を会得する
④専門的な知識と技法を身につける
⑤心理アセスメントに習熟する
⑥クライエントを受容できる

語句説明

ロジャースの3条件

→自己一致、無条件の肯定的配慮、共感的理解。

育においては認識と感情の両方を子どもにぶつけて生活するからです。

3　共感的理解に基づいた保護者への関わり

　保育士は子どもを保育する専門家です。しかし、子どもだけではなく保護者と関わることも求められています。保育者を目指す学生からは、「子どもは可愛い。でも、大人は苦手」「モンペ（モンスターペアレンツ）という言葉もよく聞くし、保護者はちょっと……」「子どもを保育する仕事だと思っていたから、保護者と接するのはとても不安」という声をよく聞きます。

　「児童福祉法」では、保育士の業務として、「子どもの保育」「保護者に対する保育に関する指導」の2つがあげられています。「保育所保育指針」でも、2008（平成20）年改定版には保護者支援、2018（平成30）年改定版には子育て支援という章があります。2008年の「保育所保育指針解説書」では、「保護者に対する保育に関する指導」を「保育指導」と表し、「子どもの保育の専門性を有する保育士が、保育に関する専門的知識・技術を背景としながら、（中略）保護者の気持ちを受け止めつつ、安定した親子関係や養育力の向上をめざして行う子どもの養育（保育）に関する相談、助言、行動見本の提示その他の援助業務の総体」としています。さらにその後も子育て家庭に対する支援の必要性が高まり、2018年の「保育所保育指針解説」では、「保護者が支援を求めている子育ての問題や課題に対して」という言葉が加わり、「保育所における保護者に対する子育て支援は、子どもの最善の利益を念頭に置きながら、保育と密接に関連して展開されるところに特徴があることを理解して行う必要がある」としています。

　つまり、保護者が子育てについてどのような支援を求めているのかに沿って、保育所での保育と関連させて、「子どもの最善の利益」を考慮して保護者を支援することが必要とされているのです。現代は核家族*やひとり親家庭が増え、子育てをする保護者を直接支える人がいなかったり、親自身も兄弟や親戚等の子どもと接した経験が少ないなかで子育てをしている家庭が多くあります。そのため、親にかかる子育ての負担が時間的にも心理的にも重く、保護者に余裕がなくなり、子どもと関わる時間が十分にとれなかったり、イライラして子どもにやさしく接することができないなど、子育てに悩む保護者も増えています。

　たとえば、イヤイヤ期の子どもにどう接したらよいかわからず、しつけができていないのは自分のせいではないかと悩み「子育てに疲れ、ついきつく叱ったり手をあげてしまう。そんな自分が嫌だし、子どもが可愛いと思えない」と話す母親がいたとします。保育者は子どもの成長を願って毎日子どもと関わっているので、つい子どもの側に立って「お母さん、もう少し○○ちゃんと一緒の時間をつくれませんか？」などと言ってしまいがちです。「イヤイヤ期は本当に大変ですよね」とお母さんの気持ちを受容して共感することは意外に難しいと思います。そんなとき、保育者が「そういう時期は誰にでもありますよ。お母さん、お仕事が忙しいのによく子

プラスワン

モンスターペアレンツ

学校や保育所などに対して自己中心的で理不尽な要求をする親（保護者）を指す。

3コマ目　子どもに対する共感的理解と保育

重要語句

核家族

→一組の夫婦と未婚の子で構成される家族を指す。家族の最小の単位。夫婦のみの世帯、ひとり親と未婚の子のみの世帯を含む。

育ても本当に頑張っていますね。○○ちゃんはお母さんのこと大好きといつも言っています。家ではどんなことが大変ですか？」と優しく話を聞いて保護者自身を受容して支え、子どもへの接し方のポイントや子どもの発達の過程（イヤイヤ期はいつまでも続かないこと）など保育の知識を提供したらどうでしょうか。お母さんの気持ちが楽になり、子どもに対しての接し方もよい方向に変わり、「子どもの最善の利益」につながります。

　母親が育児に悩んだとき、身近に相談できる相手から悩みの解決につながる正しい情報が得られるとは限りません。インターネットで情報は気軽に得られますが、「育児が楽しい」「こんなにうまくいっている」ことをアピールする情報も多く、自分と同じように「困っている」「悩んでいる」人の情報は多くありません。保護者の気持ちを受けとめて受容し、子どもの発達に沿った関わり方に関する知識を伝えることの重要性がよくわかります。

おさらいテスト

❶ 保育者が子どもを理解するためには、[　　　]と[　　　]が必要である。
❷ 子どもとの関わりで何を目指すかを考えることが、自分の[　　　]を知ることにつながる。
❸ 保育者には、子どもに対しても保護者に対しても[　　　]に基づいた関わりが求められる。

演習課題 ✏

どんな保育者になりたいか考えてみよう

- -

　「あなたはどんな保育者になりたいですか」と聞くと、「子どもの気持ちがわかる保育者」「子どもからも保護者からも信頼される保育者」と答える学生が多くいます。
　①②③について、日常の保育の場面を想像し、具体的な例を考えてみましょう。

①「子どもの気持ちがわかる保育者」
　日常保育の場の行動……何歳児との関わりにおいて、どのような場面でどのような行動（言葉かけなど）をしますか。

[

]

②「子どもから信頼される保育者」
　何歳児のどのような場面で、子どもが保育者にどのような行動をしますか。また、信頼関係のできていない保育者にはどのような行動をしますか。

[

]

③「保護者から信頼される保育者」
　子ども同士のトラブルがあったとき、どのようなことに気をつけて保護者に伝えますか。

[

]

あなたの保育観について考えてみよう

①次のA・B 2つの幼稚園の卒園式の場面の様子を読み、考えてみましょう。

1）あなたはどちらの幼稚園が好きですか。

2）あなたが働きたいのはどちらの幼稚園ですか。

3）自分の子どもを通わせたいのはどちらの幼稚園ですか。

A　幼稚園の卒園式：きちんと足をそろえてすわった子どもたちは全く動かない。園長先生の挨拶、来賓の挨拶の間もしっかり前を向いて話しを聞いている。一人ひとりが名前を呼ばれると、大きな声で「ハイ！」と返事をし、前に出て行って深々と礼をする。誇らしげに証書を受け取る手の指先はピンと伸びている。

B　幼稚園の卒園式：子どもたちは、慣れない雰囲気に落ち着かず、もぞもぞしている。後ろに並んだ保護者の方を何度も振り返っては両親に手を振る子どももいる。園長先生が一人ひとりに、やさしく名前を呼びかける。呼ばれた子どもは、先生の前に行って、卒園証書を受け取り、握手をする。返事をする子もしない子もいる。無言の笑顔で受け取る子、はにかみながら「ありがとう」と言う子、握手した手に渾身の力をこめて握り返す子……、さまざまである。

出典：石井正子・松尾直博編著『教育心理学──保育者をめざす人へ』樹村房、2004年

②①の課題について、なぜそう思うのかを周りの人とディスカッションし、あなたの保育観について考えてみましょう。

第2章

||||||||||||||||||||||||||||||||||||||||||||||||||||||||||||||||

子どもを
理解する視点

第2章では、具体的に子どもを理解していくための視点について学んでいきます。
保育所等における子どもの中心となるのが生活と遊びです。
事例を通して学んでいきましょう。また、子どもにとって大きな環境の一つが
人的環境としての保育者です。関わりについて見ていきましょう。
特に3歳以上児においては、集団での子どもの育ちが重要になってきます。
ときにはいざこざや葛藤を通して成長していく子どもの姿を理解しましょう。

子どもの生活と遊び

1 子どもの生活とは

1 「保育所保育指針」における子どもの「生活」

保育所、幼稚園、認定こども園における子どもの生活とはどのようなものでしょうか。まずは 2017（平成 29）年改定の「保育所保育指針」（以下「指針」）と、「保育所保育指針解説」（以下「解説」）から学んでいきましょう。

「指針」における「生活」に関する記述としては、まず第 1 章 1（2）「保育の目標」に「ア　保育所は、子どもが生涯にわたる人間形成にとって極めて重要な時期に、その<u>生活</u>時間の大半を過ごす場である。このため、保育所の保育は、子どもが現在を最も良く生き、望ましい未来をつくり出す力の基礎を培うために、次の目標を目指して行わなければならない」とあり、6 つの目標が示されています（下線は筆者による。以下同様）。6 つの目標のなかにも、「（イ）　健康、安全など<u>生活</u>に必要な基本的な習慣や態度を養い、心身の健康の基礎を培うこと」「（オ）　<u>生活</u>の中で、言葉への興味や関心を育て、話したり、聞いたり、相手の話を理解しようとするなど、言葉の豊かさを養うこと」など、「生活」という言葉を用いてその内容が具体的に記載されています。

また、第 1 章 1（3）「保育の方法」のなかでも「イ　子どもの<u>生活</u>のリズムを大切にし、健康、安全で情緒の安定した<u>生活</u>ができる環境や、自己を十分に発揮できる環境を整えること」「オ　（前略）乳幼児期にふさわしい体験が得られるように、<u>生活</u>や遊びを通して総合的に保育すること」というように「生活」という言葉が記載されています。さらに、第 1 章 1（4）「保育の環境」に「保育の環境には、保育士等や子どもなどの人的環境、施設や遊具などの物的環境、更には自然や社会の事象などがある。保育所は、こうした人、物、場などの環境が相互に関連し合い、子どもの<u>生活</u>が

豊かなものとなるよう、（中略）計画的に環境を構成し、工夫して保育しなければならない」と示されています。このように、「指針」の第1章の多くの箇所で「生活」という言葉がとりあげられており、その重要性がわかります。

　保育所での子どもの生活は、家庭や地域での生活との連続性への配慮が必要になります。また、心身の状態や発達の面で環境からの影響を特に受けやすい時期なので、一人ひとりの生活リズムを大切にし、乳幼児期にふさわしい生活のリズムが形成されることが求められます。

　食事・睡眠・排泄・着脱衣・清潔の5つは基本的生活習慣と呼ばれ、その獲得が乳幼児期の大きなテーマとなります。これらの習得時期には生理的成熟や生活経験による個人差が大きく、保育者は家庭と連携して援助を進めていくことが大切です。

　また、「指針」第2章2（2）「ねらい及び内容」「ア　健康」では「健康な心と体を育て、自ら健康で安全な生活をつくり出す」ために「明るく伸び伸びと生活し、自分から体を動かすことを楽しむ」「健康、安全な生活に必要な習慣に気付き、自分でしてみようとする気持ちが育つ」ことなどがあげられています。しかし基本的な生活習慣は、子どもやその家族の置かれている社会的、経済的、文化的環境により異なります。価値観や食習慣などの違いによる問題が生じることも少なくありません。保育者には、一人ひとりの子どもの状況に応じたていねいな対応が求められます。

2　保育の場における子どもの生活：Aこども園の場合

　ここで、保育所等で過ごす子どもたちの具体的な「生活」について、ある認定こども園の事例をもとに見ていきましょう。

①Aこども園（保育所型認定こども園）の概要

　Aこども園は、在園児約110人の認定こども園です。その概要は図表

●図表4-1　Aこども園の概要

	3歳未満児			3歳以上児
	0歳児ひよこぐみ	1歳児りすぐみ	2歳児うさぎぐみ	ぺんぎんぐみ いるかぐみ
教育・保育内容	生理的要求を満たし、生活リズムをつかむ	安定した情緒のもとで生活を充実していく	自己を認め、生活習慣を身につける	テーマに沿って創意工夫を構築した遊びを展開し、社会性を身につける
活動場所	ほふく室 食事／離乳食スペース 仮眠室	保育室（2か所） 食事スペース ウッドデッキ	保育室 ロフトスペース ウッドデッキ	保育室・ランチルーム ウッドデッキ ホール・ロフトスペース
活動スタイル	個々の日課に合わせた生活	見通しをもった自発的な生活	自立への基盤を培う生活	自己選択・自己決定ができる遊びと生活
クラス編成	12人（1クラス）	21人（2クラス）	19人（1クラス）	28人（2クラス）
学級編成	育児担当制 （担当1人：園児3人）	育児担任制 （担当1人：園児5人）	育児担任制 （担当1人：園児6人）	異年齢保育 （学年ごと7～8人）
職員配置	園児3人につき1人	園児4人につき1人	園児5人につき1人	園児9人につき1人

4コマ目　子どもの生活と遊び

● 図表4-2　Aこども園の主な年間行事

4月	保育懇談会
5月	端午の節句（こどもの日）、春の遠足
6月	内科健診
7月	お泊まり会（年長）
8月	夏祭り（親子レクリエーション）、七夕
9月	運動会、歯科健診
10月	秋の遠足、個別懇談
11月	内科健診
12月	もちつき
1月	鏡開き、人日の節句（七草粥）、グループ懇談
2月	発表会、節分
3月	上巳の節句（ひなまつり）、卒園式

4-1、図表4-2のとおりです。

　0歳児の場合、ほぼ全員が新入園児として新年度の4月を迎えます。Aこども園の0歳児クラスの定員は12人ですが、年度当初は例年9人程度の新入園児を迎えることが多い状況です。0歳児の保育ニーズの高まりもあり、途中入園の子どももいるため、年度途中には定員を満たすことがほとんどです。

　一方で、1歳児は約半数が新入園児ですので、1年間を経て園生活に安定感が出てきた0歳児クラスからの進級児と、新入園児とでクラスを別にし、生活環境を分けることで、情緒面でも教育面でも双方に生活の保障をしています。

　2歳児になると、再び1クラスでの生活となります。子ども同士の関係性がより豊かになり、遊びも生活も他者に最も影響を受ける時期であることから、0・1歳児クラスで固定化されはじめた関係性をより多角的に発展させるねらいがあります。

　3歳以上児は異年齢保育を行っているため、基本は2クラスでの運営ですが、そのぶん子どもたちが使用できる活動場所を広くし自由度を増やすことで、子どもたちに自分で選択して遊ぶ機会を多く設けるようにしています。

　職員配置については、国の最低基準よりも充実した人数を配置することを大切にしています。たとえば、国の保育士の配置基準（「児童福祉施設の設備及び運営に関する基準」）では、3歳児については子どもおおむね20人につき保育士1人以上となっていますが、Aこども園では園児9人につき1人となっています。このことにより、子ども一人ひとりに合わせた保育ができることを目指しています。

② 1年の流れ

　園生活の中心の一つが、四季折々の行事です。Aこども園では、保育者主導の凝り固まった出し物にならないようにすることや、日本の伝統行事を取り入れることなどを大切にしています。また、家庭でも行事と連動し

て取り組めるように、親子で製作したり楽しめるキットを用意して、子どもが園で経験したり学んだことを家族と一緒に体験し、行事が園生活と家庭生活をつなぐ役割を果たせるように心がけています。

③ 1日の流れ

　Aこども園の保育者と子どもの1日の流れについて、図表4-3、図表4-4を見てみましょう。

　Aこども園では、子ども一人ひとりの生活スタイルや発達に合わせて職員の1日の流れを決めていくため、職員の業務内容は細かく異なり、勤務開始の時間にも差が生まれます。この日課表をつくる作業には、綿密な計画と調整が必要です。しかし、そのおかげで保育者は、安定した毎日の日課を通して子どもとの間に密な関係性を生むことができ、そのことは子

● 図表4-3　1歳児クラス（10月）の職員の日課表（午前中のみ）

時間	A（8：00）	B（8：20）	C（9：00）	D（9：15）	E（9：00～15：00）
8：00	出勤				
	エプロンの洗濯	出勤			
	連絡帳を保育室にもっていく	遊び			
	遊び	朝昼分のおしぼりバケツ用意			
		お尻敷き用意			
9：00	排泄	排泄	出勤		出勤・おやつ準備
9：15	遊び	遊び	連絡帳を保育室へ連絡事項を伝える	出勤	アレルギー確認
			エプロンをもってくる	遊び	遊び
	排泄・おやつ援助 終わり次第、戸外活動（散歩）・室内活動				午睡準備
グループ	①	②	③	④	
10：20	外遊びの場合　10：00から部屋に戻る				エプロン・給食準備
	15分から2クラス合同。グループごとに順に排泄、食事、午睡				アレルギー確認
	真ん中テーブル	奥テーブル	手前テーブル		
10：30	遊び	遊び	遊び	遊び	遊び
11：00	1	遊び	4	遊び	遊び
	2（アレルギー児）		5		
	3		6		
11：30	遊び・午睡	7	遊び・午睡	10 11	遊び・午睡
		8			
		9			
12：00	12 13	遊び・午睡	14	遊び・午睡	休憩
			15		
			16（アレルギー児）		

※最上段のアルファベットは職員。（　）内は職員の出勤時間を表す。
※数字は子どもを表す。1グループがおおむね30分間を食事準備から終了までの目安としている（個々の状況により異なる）。

●図表4-4　Aこども園の子どもの1日の流れ

7：15	開園（園児は順次登園、自由遊び）
9：15	おやつ（3歳未満児のみ）
9：30	朝の会（3歳以上児のみクラスごと）後、クラス活動へ移行
11：15	昼食（0歳児）
11：30	昼食（1、2歳児および3歳以上児）
12：15	午睡（0歳児）
12：30	午睡（1、2歳児および3歳以上児）
14：45	おやつ、自由遊び、順次降園
18：15	延長保育開始
19：15	閉園

どもの情緒の安定を図ることにつながります。

　日々の保育者との関わりのなかで生まれる子どもの変化については、次のような事例があります。

事例①　排泄時のやりとり

　0歳児クラスでは、保育者は、子ども一人ひとりへゆっくり言葉かけをしながら落ち着いて身支度や片づけの準備をするなど、動作をていねいにすることをを心がけています。
　園では、おむつがえの際に使用するお尻に敷くためのシートを個別に用意していますが、はじめは自分のシートを「ぼん！」と投げていた子が、保育者がていねいに扱う様子を見て次第にふわっと台にかけるようになりました。子どもたちはしっかりと大人の動作を見ているということを実感しています。

　子どもにとってはじめての外の社会は園となることが多いので、保育者は、常にその行動や言葉を模倣されていることを意識することが必要です。しかし、保育のプロといっても思いどおりに生活への援助が進まないこともあるでしょう。そのような事例を見ていきましょう。

事例②　食事が進まないけいごくん（1歳児）

　けいごくんが食事を嫌がる日が数日続き、さまざまな方法を試してみましたが、食事を口に運んでくれません。保育者はどう対応するべきか悩みました。自分で食べるように促したり、保育者の膝に座らせて食べさせたり、ほかの保育者に食べさせてもらったり……。保護者との連絡ノートや日々の送迎の際にも細かな引き継ぎや情報交換を重ねていた矢先のことでした。何がきっかけかはわかりませんが、急に食べられるようになり、今では自分でほとんど食べられるようになりました。

　保育者が願う子どものあるべき姿は、保育者の援助によってすぐに効果が生まれ、変化として現れるとは限りません。むしろ必ずこうでなければという思い込みばかりではなく、今を生きる子どもたちの姿をしっかり見つめ、「大丈夫」と自分にも子どもにも言い聞かせてあげる心の余裕が必要です。

　保育者が心の余裕や時間の余裕をもつことで、子どもに主体性が生まれた事例を見ていきましょう。

> **事例③　遊びと生活が結びつくきっかけ（0歳児）**
>
> 　食事エプロンを自分で着脱できるようになったころから、子どもがエプロンから頭を出すたびに「ばあ！」と言う、「いないいないばあ」遊びをするようになりました。このことから、保育者は、子どもにとっては身支度も遊びの一つであることに気づかされました。エプロンを付けながら「ばあ！」と子どもが言ったとき、保育者は「いないいないばあ！　が上手にできたね」と言い、子どもと一緒に遊ぶようにしています。そのとき、子どもと保育者との間に心が通じ合うような気持ちが芽生えます。しばらくすると、エプロンを片づけるときにも、「ばあ！」と言って取るようになりました。

　保育者にとっては、あくまで生活のなかの介助の一場面であっても、子どもにとっては、そこに遊びという楽しい感情が伴うことで、主体的に取り組めるきっかけになったという事例です。保育者はこのような子どもの気持ちを見逃さず、生活と遊びが切り離せないものであることを理解しながら援助していくことが大切です。

2　子どもの遊びとは

1　「保育所保育指針」における子どもの「遊び」

　保育における子どもの遊びとはどのようなものでしょうか。まずは「指針」の記述を見ていきましょう。

> 「保育所保育指針」第1章1（3）「保育の方法」
> オ　子どもが自発的・意欲的に関われるような環境を構成し、子どもの主体的な活動や子ども相互の関わりを大切にすること。特に、乳幼児期にふさわしい体験が得られるように、生活や遊びを通して総合的に保育すること。

　以上の記述について、「解説」では、以下のように解説しています。

「保育所保育指針解説」第1章1（3）「保育の方法」

　遊びには、子どもの育ちを促す様々な要素が含まれている。子ども
は遊びに没頭し、自ら遊びを発展させていきながら、思考力や企画力、
想像力等の諸能力を確実に伸ばしていくとともに、友達と協力するこ
とや環境への関わり方なども多面的に体得していく。ただし、遊びの
効用はこうしたことに限定されるものではない。遊びは、それ自体が
目的となっている活動であり、遊びにおいては、何よりも「今」を十
分に楽しむことが重要である。子どもは時が経つのも忘れ、心や体を
動かして夢中になって遊び、充実感を味わう。そうした遊びの経験に
おける満足感や達成感、時には疑問や葛藤が、更に自発的に身の回り
の環境に関わろうとする意欲や態度の源となる。

「保育所保育指針解説」第1章2（1）「養護の理念」

　乳幼児期の教育においては、こうした安心して自分の思いや力を発
揮できる環境の下で、子どもが遊びなど自発的な活動を通して、体験
的に様々な学びを積み重ねていくことが重要である。保育士等が、子
どもに対する温かな視線や信頼をもって、その育ちゆく姿を見守り、
援助することにより、子どもの意欲や主体性は育まれていく。

　子どもにとって遊びは生活の主体であり、学びや楽しみでもあり、生活
そのものともいえます。大人における仕事やさまざまな社会的・私的活動
の余暇の過ごし方、レクリエーションとしての遊びとは区別して考える必
要があります。遊びを通して子どもは精神的、身体的、社会的なさまざ
まな能力を伸ばすとともに、仲間や友だちとの関わりのなかで社会性やコ
ミュニケーションの取り方を習得していきます。ただし、遊びは遊び自体
が目的でもありますから、何かの能力を伸ばすことを目的として遊びの指
導を行うことは、遊びの展開に支障をきたす場合もありますので慎重であ
る必要があります。次の項からは遊びに関する世界や日本の歴史を見てい
きましょう。

2　世界の遊びに関する研究

　ホイジンガ*は、その著書『ホモ・ルーデンス』（1938年）において、「遊
びは文化より古い、なぜなら、文化の概念はどんなに不十分に規定され
たにしても、常にそれは人間の共同生活を前提としている」と述べました。
また、動物と人間の遊びを比較し「動物は人間と全く同じように遊ぶ、遊
びのあらゆる基本的性格はすでに動物の遊びの中に体現されている」「彼
らはこれによって明らかに無上の喜び、あるいは感激を味わっている。た
だ、こうしたじゃれ合う子犬の遊びは動物の遊びの最も素朴な形の一つに
過ぎない」と主張して、それまでの遊びに対する議論や定義を否定し、人
間を遊びをする人類、「ホモ・ルーデンス」と定義づけました。ホイジン
ガは遊びの目的は行為そのもののなかにあると考え、遊びそのものが遊び

ホイジンガ

Huizinga, J.
1872〜1945
オランダの歴史家。人
間の本質を「遊び」に
見出し、遊びのなかで、
遊びとして発生し、展
開してできたものが文
化であると主張。著作
に、遊びについて考察
した『ホモ・ルーデン
ス』、フランスとネー
デルランドにおける
14〜15世紀の生活
と思考の諸形態につ
いて述べた『中世の
秋』などがある。

の目的であると考えたのです。

　たとえば、子犬たちは、決して相手を本気では嚙まないというルールを守りながらじゃれ合ったり、飼い主の投げるおもちゃをうれしそうに取りに行ったりします。このことは「遊び」は人間だけのものではないことを示しています。

　また、**カイヨワ**[*]はホイジンガの考え方を発展させて、遊びというものの特徴6点をあげて説明しています。これらはすぐれた人間論、文化論として後世に多くの影響を与えました。

３　日本文化における子どもの遊び

　では、日本文化のなかでは、子どもの遊びはどのように扱われてきたでしょうか。平安時代末期に御白河法皇により編集されたといわれる『梁塵秘抄（りょうじんひしょう）』は、「今様」という当時の流行歌を集めた歌の本です。そのなかの「遊びをせむとや生まれけむ、戯れせむとや生まれけむ、遊ぶ子供の声聞けば、我が身さへこそゆるがるれ」という歌がよく知られています。

　この歌の意味は「子どもたちは遊びをしようとして生まれてきたのかな。戯（たわむ）れをしようとして生まれてきたのかな。遊んでいる子どもの声を聞けば、大人の私も体が動きだしそうだ」というようなことですが、この歌の「遊ぶ子供の声聞けば」の部分以外の遊びは、子どもではなく大人の遊びだともいわれています。

　12世紀に描かれた『鳥獣戯画（ちょうじゅうぎが）』[*]にも、動物や子どもたちのさまざまな遊びの様子が描写されています。たとえば、猿の水遊び、兎チームと蛙チームの弓合戦、蛙の田楽や蛙と兎の相撲などの動物の遊び、囲碁、双六（すごろく）、将棋、首引き、腰引き、にらめっこ、闘鶏などの遊びが描かれ、子どもたちも多く登場しています。『春日権現験記（かすがごんげんげんき）』[*]などの作品にも、その時代の子どもの遊びが描かれています。これらの話は、仏教思想による因果応報、勧善懲悪（かんぜんちょうあく）といった要素が強いのですが、当時の子どもたちの生活や遊びの様子を見ることができます。

　近現代の遊びについては民俗学者の柳田國男[*]の『こども風土記』（岩波書店、1976年）が参考になるでしょう。柳田はこの本の中で日本国内に伝わっている40種類ほどの子どもの遊びを紹介していますが、その冒頭で「鹿遊び」の伝承と分布について興味深い指摘をしています。これは古くから広く欧米に伝わっている遊びですが、日本にはないと思われていました。目隠しをして立つ子どもの後ろで別の子が拍子をとって背中をたたき、その手で何本かの指を出して「いかに　多くの　角を　牡鹿が　持つか」と言って指の数を当てさせます。それと同じような遊びが「当てもの遊び」として日本の各地に伝わっていたことがわかりました。それが輪になった子どもによる「後ろの正面だあれ？」という「かごめかごめ」や、同じような遊びの「中の中の小仏」（子どもが手をつないで輪になってぐるぐる回りながら「中の中の小坊（こぼう）さん、なあぜに背が低い」と唱える）や、「中の中の地蔵さん」と唱えながら遊ぶ「地蔵あそび」や、紙のこより（紙をよってひも状にしたもの）を使う「鉤占い（かぎうらない）」などの遊びに変化したとい

カイヨワ

Caillois, R.
1913～1978
フランスの社会学者、哲学者。ホイジンガの強い影響を受け、「遊び」の研究に取り組んだことで知られている。あらゆる遊びを4つの横軸と2つの縦軸に分類することを試み、遊びを研究する後世の人々に多大な影響を与えた。著作として、『人間と聖なるもの』『遊びと人間』などが有名。

プラスワン

カイヨワの遊びというものの特徴6点
①自由な活動
②隔離された活動
③未確定の活動
④非生産的活動
⑤規則のある活動
⑥虚構の活動

4コマ目　子どもの生活と遊び

語句説明

『鳥獣戯画』
→平安時代に描かれた絵巻物で、日本に残っている絵巻物の最も古いものの一つ。正式な名前は『鳥獣人物戯画』。甲巻には動物が人間の真似をする姿が描かれ、お坊さんがゲームをするところや子どもたちのいろいろな遊びが動物の姿で生き生きと描かれている。乙巻には動物の自然の姿が描かれていて、子どもたちのための動物図鑑だったといわれている。

語句説明

『春日権現験記』

→奈良春日神社創建の由来と霊験を描いた鎌倉時代の絵巻物。貴族の邸宅で嬉々として遊ぶ子ども、建築工事の手伝いをする子ども、蛇をいじめて罰を受ける子ども、出家する子どもの姿など、当時の公家から庶人に至るさまざまな人々が描かれている。

柳田國男

1875～1962
日本の民俗学者・官僚。主著は『遠野物語』『こども風土記』『日本の伝説』など。

うことです。このような遊びの分布や変遷、時代や地域による違いなどを勉強することなども、遊びの理解や指導を深めることに役立ちます。

3　保育における「生活や遊び」

　子どもにとって遊びとは、保育所等における生活のなかでとても重要な活動であり、子どもは遊びを中心とした生活のなかで学び、成長していきます。生活と遊びが一体化して営まれる保育において、それを援助する保育者の役割は非常に重要なものであるといえます。最後に、「指針」における「生活や遊び」に関する記述のなかから以下の5つのポイントについて整理してみましょう。

1　生活や遊びを通した総合的な保育

> 「保育所保育指針」第1章1（3）「保育の方法」オ
> 　子どもが自発的・意欲的に関われるような環境を構成し、子どもの主体的な活動や子ども相互の関わりを大切にすること。特に、乳幼児期にふさわしい体験が得られるように、生活や遊びを通して総合的に保育すること。

　子どもの生活は遊びに満たされており、遊びのなかで経験することが重なり合い関連し合うことによって、子どもは学び成長していきます。そして遊びと生活のなかで認知機能、運動機能、社会性、コミュニケーション能力などが発達することにより、遊び自体を進化・成長させます。

　保育士等は、保育所の生活や遊びにおける子どもの体験について、発達の見通しをもちながら計画を立て、保育を行います。どの段階で何ができて何ができないか、誰ができて誰ができないかということではなく、子どもが遊びや生活のなかで興味をもったことに挑戦し、それによって成長する過程を大切にすることが重要です。

2　長期的な指導計画と短期的な指導計画

> 「保育所保育指針」第 1 章 3（2）「指導計画の作成」ア
>
> 　保育所は、全体的な計画に基づき、具体的な保育が適切に展開されるよう、子どもの生活や発達を見通した長期的な指導計画と、それに関連しながら、より具体的な子どもの日々の生活に即した短期的な指導計画を作成しなければならない。

　保育所等においては、「育みたい資質・能力」や「幼児期の終わりまでに育ってほしい姿」という目標を達成するための長期的指導計画と、子どもの認知能力、身体能力や興味や好奇心の発達に応じた短期的指導計画を作成することが必要です。その場合には、子ども一人ひとりの発達に応じた生活の様式やその時期に好む遊びなどについて十分に配慮する必要があります。また、保育士等は計画の達成のみにとらわれるのではなく、一人ひとりの子どもの日々の活動の経過や成長の過程を温かく見守り、援助する姿勢をもつことが大切です。

3　異年齢の編成による保育の指導計画

> 「保育所保育指針」第 1 章 3（2）「指導計画の作成」イ（ウ）
>
> 　異年齢で構成される組やグループでの保育においては、一人一人の子どもの生活や経験、発達過程などを把握し、適切な援助や環境構成ができるよう配慮すること。

　近年、少子化の進行やひとり親家庭の増加、さらに近隣社会との交流の希薄化などにより、きょうだいや異年齢の子どもと遊ぶ機会が減少しています。そのため、保育所での「縦割り保育」という形のなかで、異年齢交流の機会をつくることも重要となります。そうした環境のなかでの保育において、一人ひとりの違いを大切にしながらもクラスやグループに共通する育ちに目を向けると、そのなかから集団としてのねらいや内容が見えてきます。子どもの実際の姿や記録から、まず興味や関心をもっていることに着目し、生活や遊びの状況、周囲の人との関係について把握します。さらに何かつまずいていることがあれば、何につまずいているかを明確にしていくことが大切です。

4　保育所における障害のある子どもの理解と保育の展開

> 「保育所保育指針」第 1 章 3（2）「指導計画の作成」キ
>
> 　障害のある子どもの保育については、一人一人の子どもの発達過程や障害の状態を把握し、適切な環境の下で、障害のある子どもが他の子どもとの生活を通して共に成長できるよう、指導計画の中に位置付けること。また、子どもの状況に応じた保育を実施する観点から、家庭や関係機関と連携した支援のための計画を個別に作成するなど適切な対応を図ること。

4
コマ目

子どもの生活と遊び

すべての子どもに個性があります。以前は、コミュケーションがとりにくい、特定のことに強いこだわりがある状態は「自閉症」「アスペルガー症候群」などと呼ばれていましたが、現在ではASD（自閉スペクトラム症）と呼ばれることが一般的になっています。スペクトラムというのは、虹の色のように症状と症状の間に明確な境目がなく連続しているという意味で、いわゆる「健常児」と自閉性のある子どもの間にも壁はないということでもあります。

乳幼児期に、いろいろな個性をもつ友だちと関わる経験をすることはとても大切なことであり、子ども一人ひとりの個性を尊重しながら安心して生活できる保育環境が維持できるように適切に配慮する必要があります。子どもが発達してきた過程や心身の状態を把握するとともに、保育所等の生活のなかで考えられる育ちや困難の状態を理解することが大切です。

■5■ 数量や図形、標識や文字などへの関心・感覚

> 「保育所保育指針」第1章4（2）「幼児期の終わりまでに育ってほしい姿」ク「数量や図形、標識や文字などへの関心・感覚」
> 　遊びや生活の中で、数量や図形、標識や文字などに親しむ体験を重ねたり、標識や文字の役割に気付いたりし、自らの必要感に基づきこれらを活用し、興味や関心、感覚をもつようになる。

子どもは、ふだんの生活や友だちとの遊びのなかでいろいろなことを経験しながら、自然や世のなかのさまざまな仕組みや法則についての発見をします。そして年齢が進むにつれて、自分の体験を通して、考えたり工夫をしたり実験を重ねたり観察したりします。また友だちと交流するなかで、自分とは違う考え方に遭遇することなどを通して、自分なりの世界観といったものを形成していきます。子どもは遊びや生活のなかで、数字や文字に興味や関心をもったり、物を数えることを楽しんだり、数量や図形、標識や文字などに触れ、親しむ体験を重ねていきます。保育士等には、子どもの好奇心や、考えたり工夫することの楽しさが引き出されるような環境の整備や援助、またそうしたことをともに楽しむ姿勢が求められます。

おさらいテスト

❶ 保育所等は、子どもがその［　　］の大半を過ごす場であることが「保育所保育指針」に述べられている。

❷ 子どもは遊びからさまざまなことを学び、子どもの遊びには保育者の［　　］が欠かせない。

❸ 保育所等における子どもの生活と遊びは［　　］している。

演習課題

子どもの遊びに焦点を置いた保育計画を作成しよう

　4 ～ 5 人くらいのグループに分かれて、以下のテーマについてグループワークを行いましょう。

①実習を経験している先輩や先生に取材をして、保育所等での遊びや、季節ごとの遊びの計画について調べてみましょう。また、自分が幼いころに経験して夢中だった遊びを思い出したり、家族から聞いたり、インターネットで調べてみましょう。

②各自が調べたことをグループ内で話し合い、発表資料を作成しましょう。その際には、遊びの種類や遊び方、季節、参加人数別などテーマを決めて、整理してみましょう。資料がまとまったらグループごとに発表します。

③発表された遊びについて、皆で話し合い、その資料をもとにして、グループごとに遊びの指導計画を作成してみましょう。

保育の人的環境としての保育者と子どもの発達

今日のポイント

1 子どもの発達は愛情ある人との関わりによって保障される。

2 保育者は人的環境として重要な意味をもつ。

3 目の前の子どもの発達を理解したうえでの保育者の関わりが大切である。

1 子どもの発達と保育者という人的環境の関係性

1 子どもの発達は人との関わりを通して保障される

　人間の子どもは、多くの能力をもちながらも、「生理的早産*」といわれるように未熟な状態で生まれてくるため、愛情をもった周囲の大人に世話をされることが必要不可欠です。たとえば、ぐずったり泣きはじめた子どもを見て、周囲の大人は思わず抱っこをして「お腹減ったかな？　オムツがぬれたかな？」と言葉をかけながら、子どもが不快と感じていることを探ります。そして、授乳をしたり、オムツを交換したり、心地よく過ごせるようにやさしく言葉をかけながら、ていねいに関わるのです。子どもは、大人のていねいで温かな関わりによって不快な気持ちが解消され、心地よく満たされた思いを経験していくことになります。

　そのような温かな日々を積み重ねていくことにより、愛情をもって関わる大人と子どもの間にアタッチメントが形成されていきます。アタッチメントとは、「ある人が特定の大人（他者）との間に結ぶ情緒的な絆」のことをいい、子どもが危機に面したときに起こる恐れや不安等を特定の人（他者）に接近したり、接近した状態を維持することを通して調整しようとする欲求をいいます。生後6か月から2～3歳までに形成されるもので、一般的に、保護者との形成が先になりますが、保育者も日々保育をすることから、その対象者となります。さらに、家庭外で最初に出会う人となる、保育者とのアタッチメントの形成は、その後の社会性の育ちを支えていくともいわれていることから、保育者は子どもの人生に大きく影響する人物の一人といえるでしょう。

　このアタッチメントの形成によって、子どもは、周囲の身近な環境に興味・関心を向けていき、自らものや周囲の人と積極的に関わっていくようになります。たとえば、試行錯誤しながらものを使おうとしたり、子ども

重要語句

生理的早産

→ヒトがほかの哺乳類と異なり、長い妊娠期間をもちながらも未熟な状態で出生し、その後も比較的ゆっくりと発達していくことについて、ポルトマン（Portmann, A.）は「生理的早産」の状態であるとした。

プラスワン

アタッチメント理論の提唱者

1969年に、児童精神科医のジョン・ボウルビィ（Bowlby, J.）がアタッチメント理論を明確に提唱した。その後、発達心理学の分野において、研究が積み重ねられた。

同士の気持ちのぶつかり合いやいざこざを経験したりして、さまざまなことに気づいたり、感じたりわかったりしていくのです。そして、子どもは、まわりの人と相談したり協力したりする楽しさを理解できるようになり、さまざまな活動に協同的に取り組んでいくようになるのです。

　このように考えると、子どもの発達は人との関わりを通して保障されるものであり、子どもの園生活においては、保育者がとても重要な役割を担っていることが理解できます。保育者とは多くの子どもと関わる仕事ですが、一人ひとりの子どもに目を向けて、発達を保障していくための関係性を築いていくことを常に意識して関わっていきましょう。

2　子どもが発達するということ

　保育者が、子どもの発達を保障していく役割を果たしていくためには、子どもがどのように発達していくのかということについての理解が必要不可欠です。また、子どもの発達は、一人ひとりの個性やペース、子どもの家庭背景、生活の状況等によって個人差が大きいことも忘れてはなりません。

　そこで、「保育所保育指針」第2章「保育の内容」において、各区分（乳児、1歳以上3歳未満児、3歳以上児）で示している基本的事項の発達に関する部分の抜粋から、保育者として理解すべきポイントについて考えていきましょう（下線は筆者による。以下同様）。

①乳児の発達（0歳児の発達）

> 「保育所保育指針」第2章1（1）「基本的事項」ア
> 　乳児期の発達については、視覚、聴覚などの感覚や、座る、はう、歩くなどの運動機能が著しく発達し、特定の大人との応答的な関わりを通じて、情緒的な絆が形成されるといった特徴がある。これらの発達の特徴を踏まえて、乳児保育は、愛情豊かに、応答的に行われることが特に必要である。

　胎児のころから発達している感覚もありますが、出生後にはさらに発達していき、さまざまな感覚を通して外界を認知するようになります。運動発達は、寝ている状態から、首が座る→寝返り→お座り→はいはい→つかまり立ち→伝い歩きというように、約1年という短い期間で著しい発達をしていきます。子どもは、自分で体を動かせるようになることで視界も広がっていき、興味・関心も広がっていきます。思いのままに探索遊びをするので、保育者は子どもの動きから目が離せない日々が続きます。

　また、これらの発達を支えていくのは、愛情ある特定の大人との応答的な関わりを通して形成される情緒的な絆です。この情緒的な絆とは、前述したアタッチメントの形

ねがえりを楽しむようになったころ

成と同様の意味を指しています。日々の保育のなかで、保育者が、子ども
が表出する表情や仕草、行動などをまるごと肯定的に受け止め、愛情豊か
に応答的に関わることによって、次の健やかな成長を保障していくのです。
これが、子どもの心地よい毎日を保障する基盤であり、その後の基本的信
頼感や自己肯定感につながります。これは、子どもが一生涯を通して豊か
に生きていくために重要な育ちであることからも、保育者は応答的にてい
ねいに関わることが求められます。

②1歳以上3歳未満児の発達

> 「保育所保育指針」第2章2 (1)「基本的事項」ア
> 　この時期においては、歩き始めから、歩く、走る、跳ぶなどへと、
> 基本的な運動機能が次第に発達し、排泄の自立のための身体的機能も
> 整うようになる。つまむ、めくるなどの指先の機能も発達し、食事、
> 衣類の着脱なども、保育士等の援助の下で自分で行うようになる。発
> 声も明瞭になり、語彙も増加し、自分の意思や欲求を言葉で表出でき
> るようになる。このように自分でできることが増えてくる時期である
> ことから、保育士等は、子どもの生活の安定を図りながら、自分でし
> ようとする気持ちを尊重し、温かく見守るとともに、愛情豊かに、応
> 答的に関わることが必要である。

　この時期の子どもは、一人歩きができるようになり、行動範囲を広げて
いくなかで探索遊びを楽しみ、さまざまな基本的な運動機能を発達させて
いきます。また、身体的機能が発達していき、おしっこが出たことを教え
たり、便座に座り排泄しようとしたりする姿が見られるようになります。
指先の機能も発達していき、食事のときには茶碗に手を添えたり、スプー
ンやフォークを使おうとし、着脱のあるとき
には自分でズボンを脱ごうとしたり、帽子を
かぶったりするなど、自分の身のまわりのこ
とをしようとするようになります。

　さらに、言葉の発達も著しい時期で、一語
文や二語文を話すようになり、語彙数が急激
に増えていきます。保育者と簡単な会話をし
たり、自分の要求や思いを言葉で伝えられる
ようになり、言葉でのコミュニケーションが
楽しくなっていきます。

　その一方で、自分の危険を予測することは
難しいため、保育者は常に子どもの安全面に

ものを使って遊ぶことを楽し
むころ

十分に配慮することが重要です。さらに「自分で！」という思いがでてき
ますが、思うようにいかないことも多く、大泣きしたりかんしゃくを起こ
したりする姿が見られます。保育者は、子どもが自立しようとする姿を受
け止め、「○○ちゃんはどうしたいかな？」「こんなふうにしてみたらど
う？」など、子どもとの応答的なやりとりを大切にしながら、子どもが納
得して生活や遊びをすることを重視して関わりましょう。

③3歳以上児の発達

> 「保育所保育指針」第2章3 (1)「基本的事項」ア
> 　この時期においては、運動機能の発達により、基本的な動作が一通りできるようになるとともに、基本的な生活習慣もほぼ自立できるようになる。理解する語彙数が急激に増加し、知的興味や関心も高まってくる。仲間と遊び、仲間の中の一人という自覚が生じ、集団的な遊びや協同的な活動も見られるようになる。これらの発達の特徴を踏まえて、この時期の保育においては、個の成長と集団としての活動の充実が図られるようにしなければならない。

　3歳以上児は、**基本的な動作***が一通りできるようになり、食事や排泄、着脱などの基本的生活習慣もほぼ自立に向かい、1日の生活の流れを見通して自分で行うようになります。言葉の発達は著しく、語彙数もさらに増えて、言葉を使ったコミュニケーションが楽しくなります。また、日々の生活や遊びのなかでの「どうして～なんだろう？」「これを～したらどうなる？」という好奇心や探求心が、ものの特性を知ったり試行錯誤をする力につながっていきます。

　この時期の子どもの大きな特徴として、子ども同士で遊ぶ姿が増えていき、「○○ちゃんと一緒にジャングルジムで遊びたい」「○○ちゃんと一緒に遊ぶことが楽しい」などという仲間意識がでてきます。子ども同士で鬼ごっこやルールのあるゲームなどの集団遊びを楽しんだり、

集団で遊ぶことを楽しむころ

子どもが互いの思いを出し合って一緒に遊びをつくっていくお店屋さんごっこなどの協同的な遊びをしたりすることが楽しくなります。そのなかで、友だちといざこざを起こすこともありますが、それは友だちの思いに気づき、みんなと一緒に生活や遊びをするためにはどうしたらよいか考えることにつながっていきます。

　保育者は、子ども一人ひとりの育ちと集団としての育ちの双方に目を向けて保育をしていくことが大切です。そして、保育者は、子どもに何かを教えるのではなく、子ども自らの育ちにつながる環境を整えながら、子どもの活動を支える関わりが求められます。

2　保育者を人的環境としてとらえていく

　保育環境は、以下のように主に4つに分類されていて、子どもはこれらに自ら積極的に関わりながら、毎日の園生活を過ごしています。どの環境も子どもの育ちにとって重要であり、子どもが環境に関わる機会をつくっていくことが大切です。

重要語句

基本的な動作

→日常生活のなかで行われる基本的な一連の動作のこと。歩く、しゃがむ、跳ぶ、起き上がるなど、さまざまな動作を指す。

5 コマ目

保育の人的環境としての保育者と子どもの発達

> ①**人的環境**：保育者、看護師、栄養士、調理師、用務員、送迎する保護者など、子どもの生活や遊びに関わる環境
> ②**物的環境**：園舎、園庭、机や椅子、棚、道具、玩具や遊具など、子どもの生活や遊びに関わる環境
> ③**自然環境**：花、草木、土、泥、空、風、季節、天気など、子どもの生活や遊びで関わる環境
> ④**社会環境**：地域の公園、地域の人々、商店街、消防署や警察署、図書館など、子どもの生活や遊びに関わる環境

このなかでも、より重要な保育環境といわれているのは人的環境です。園生活においては、保育者は子どもに最も身近な存在であり、毎日密接に関わる重要な人的環境になります。保育者は、自分が人的環境として自らの子どもに関わる一つひとつの言葉かけや立ち居振る舞い、視線さえも子どもの育ちに影響を及ぼしていくことの重要性について、しっかり認識していくことが求められます。このことについて、以下の具体的な事例から考えていきましょう。

保育者は、存在そのものが子どもの育ちに影響を及ぼす人物になりますね。

事例①　できた！　えみちゃん（4歳児）

えみちゃんは、園庭の隅で、フラフープを回そうと夢中になって取り組んでいます。誰とも話さず夢中になって、何度も挑戦することを繰り返しています。それに気づいている保育者は、少し離れたところで見守っています。そして、ついにえみちゃんは3回フラフープを回すことに成功しました。えみちゃんは、「できた！」と言って、保育者の方を見て目を合わせました。保育者は「見てたよ、できたね。すごい、すごい！」と褒め、えみちゃんは、保育者にかけ寄り、保育者とハイタッチをして喜びました。

この事例の保育者は、えみちゃんが繰り返し挑戦しているときには、えみちゃんの挑戦する姿を少し離れた場所で見守るだけでした。それは、「えみちゃんがフラフープを回したいという思いでがんばっている」事実に気づき、保育者は「できるようになるかな」「どこで言葉をかけようか」などと思い、ドキドキしながら見ていたのかもしれません。一方、えみちゃんは、フラフープを回すことに挑戦し続けるなかで、もしかしたら保育者が自分のことを見ていることに気づいていたのかもしれないし、気づいていなかったのかもしれません。このように、保育者はえみちゃんにとって「そこにいる」という人的環境ということになります。

この保育者は、えみちゃんと直接関わることはしなかったけれども、少し離れた場所にいて見守ることにより、えみちゃんにとって挑戦し続けることへの励ましなどにつながる一環境となっていたのかもしれません。そして、えみちゃんがフラフープを回すことができたのを見届けたり、できた喜びや達成感を共感し合える一環境になったということになります。

2 子どもの発達に寄り添う保育者の適切な関わりを考える

　今までの解説から、子どもが人と関わっていくなかで発達していくことや、保育者が、子どもの発達を理解することの重要性、園生活をする子どもの育ちに影響を及ぼす重要な人的環境であることが理解できたと思います。ここでは、前述した「保育所保育指針」の年齢区分にあわせて、実際の保育の事例を取り上げながら、子どもの発達に寄り添う保育者の適切な関わりについて考えていきましょう。

1 乳児の発達に寄り添う保育者の関わり

①実際の保育の事例から考える（乳児）

事例②　ヤッ！　かいとくん（11 か月）

　今日の食事は、パン、カボチャのシチュー、ブロッコリーのサラダ、オレンジです。かいとくんは、パンを左手にもち、自分でうれしそうに食べています。保育者が「おいしい？　よかったね」と言葉をかけると「……しっ！（おいしい！）」と言いながら笑います。保育者はしばらくかいとくんが食べる様子を見ていましたが、ブロッコリーのサラダを食べようとしないので、「これもおいしいよ、どうぞ」とスプーンにサラダをのせて、口に近づけてみました。しかし、かいとくんは目も向けず食べようとしません。保育者は、口に近づけたスプーンをお皿に置いて、「好きじゃないかな？　減らそうか？」と言葉をかけると、かいとくんは「うん」とうなずきました。保育者は「これくらいかな？」とかいとくんに量を見せ、確認しながら減らしました。保育者はまたしばらくかいとくんの様子を見ていましたが、それでも自分から食べようとしないので、「サラダおいしいよ、よかったらどうぞ」とスプーンにのせてかいとくんの口に近づけてみました。かいとくんは首を横に振るので、保育者が「一口だけ食べない？　食べようよ」とさらにかいとくんの口にスプーンを近づけました。かいとくんは、「ヤッ！」大きな声で言ってスプーンを手で払いのけました。

　この時期の子どもの食事は好みも出てきて、食べたいものから食べる姿が見られます。保育者は、食事の援助をするなかで、子どもがさまざまな食材を経験できるように、子どもが好みでないものをさり気なくすすめる言葉かけをしたり、スプーンにのせてみたりと、いろいろな工夫をしています。さらに、栄養摂取の観点や長時間保育だからしっかり食べたほうが

よいだろうなど、よかれと思ってつい「全部食べてほしい」「お皿をきれいにしたい」と思ってしまい、事例の保育者のように繰り返しすすめてしまいがちです。

しかし、この時期は離乳の時期であり、「食べることが楽しい！」と思いながら食べることが最も大切な経験です。保育者は、子どもが「食べることが楽しい！」と思えるような援助を基本として、好みでないものがあるときには、子どもの意思表示を尊重しつつ、「ブロッコリーっておいしいんだよね、先生大好きなの」「ブロッコリーを食べると元気モリモリになるんだよ」など、食べたくなるような関わりをしていくようにしましょう。

| 事例③ | あとちょっと！　まなみちゃん（7か月） |

　まなみちゃんは、寝返りをして遊ぶことができるようになり、お座りも不安定ながらできるようになりました。保育者がそばにつき、U字クッションに支えられながら、にぎにぎ*で機嫌よく遊んでいましたが、まなみちゃんがにぎにぎを振り始めると、前方に飛んでいってしまいました。まなみちゃんは手元ににぎにぎがないことに気づいて、手をじっと見るので、保育者は「あら、ここにとんじゃったね」とにぎにぎを少し離れたまなみちゃんが見える場所に置きました。まなみちゃんは、にぎにぎが置いてあることに気づいて、「あ、あ……」と声を出しました。保育者は、「そうだね。あってよかったね」と言葉をかけます。まなみちゃんは、にっこり笑ってお座りの状態から手をついて、にぎにぎがある方向に体を向けて腹ばいになり、にぎにぎを取ろうと手を伸ばします。しかし、あと数センチ届かない状態でした。まなみちゃんが再び保育者を見るので、「あとちょっとだね、とれるかな」と言葉をかけると、まなみちゃんはさらに手を伸ばしてにぎにぎを取ることができました。保育者は「すごい、とれたね～」と拍手をしました。

この事例のまなみちゃんは、お座りで遊べるようになったことで新たな世界を見ながら過ごすことがうれしく、楽しい時期なのでしょう。保育者がそばにいることで、安心して機嫌よく遊んでいることが伝わってきます。ここで、まなみちゃんが握っていたにぎにぎが前方に飛んでいってしまった場面と、まなみちゃんが座位から腹ばいになってにぎにぎを取ろうとした場面に注目します。

前者の場面は、まなみちゃんがお座りで喜んで遊ぶ姿から、保育者がその先の発達を見通して関わったのでしょう。お座りで遊ぶことを十分に楽しむなかで、お座りから腹ばい、腹ばいからお座りになるという体位を変化させて遊ぶことの経験を積み重ねていこうとする、保育の意図があったのです。まなみちゃんが安心して機嫌よく遊んでいることからも、そのような関わりをしてみようと考えたのだろうと思います。

また、後者の場面では、保育者はにぎにぎを取ろうとするまなみちゃんに、「あとちょっとだね、とれるかな」と言葉をかけていることから、今のまなみちゃんなら「にぎにぎをとりたい！」という意欲があると思い、

重要語句

にぎにぎ

→早い時期の乳児が喜ぶおもちゃで、握ったりなめたりして遊ぶ。もちやすく、棒状やリング状のものがある。

自らの力で取ることによる成長を期待したのだろうと推測します。これは、まなみちゃんの育ちに日々関わり、まなみちゃんを信じる保育者だからこその関わりといえるでしょう。

②保育者の関わりのポイント（乳児）

　これらの事例検討からわかるのは、まだまだ未熟な発達の状態である乳児であっても、今ある能力を精一杯使って主体的に生活や遊びをし、保育者はその主体性を尊重していくことが大切だということです。そのことを踏まえて、保育者は、子どもとのアタッチメントの形成を基盤にして、今ある発達状態を満喫できるような援助とその先の発達を見据えた援助の双方を考えていくことが求められます。保育の対象がたとえ乳児であっても、保育者は何かしてあげる存在なのではなく、乳児のしたいことをできるように支えていく存在なのです。

2　1歳以上3歳未満児の発達に寄り添う保育者の関わり

①実際の保育の事例から考える（1歳以上3歳未満児）

事例④　寝たくない　ふうかちゃん（2歳8か月）

　午睡の時間となり、全員が布団に入っています。ふうかちゃんは一度布団に入ったものの落ち着かず、座ったりタオルケットをバタバタさせていました。保育者が「ふうかちゃん、布団にゴロンしようね」と言葉をかけましたが、ふうかちゃんは同じようにしています。保育者がふうかちゃんのそばにいくと、逃げるように走りはじめました。保育者は、ほかの子どもを踏んでしまうのではないかと心配して、あわててふうかちゃんを追いかけて抱っこしました。ふうかちゃんは、抱っこされても体を動かしておりようとするので、そのまま保育室を出てゆっくり話を聞くことにしました。保育者は「ふうかちゃん、どうした？　何かあったの？」と聞くと、ふうかちゃんは目をそらしてだまっています。保育者が「寝たくない？」と聞くと、ふうかちゃんは静かにうなずきました。保育者は、「そうか、寝たくないのね。もっと遊びたかったかな。お昼寝したらパパが自転車でお迎えに来てくれるよ。目をつぶらないでいいから、ゴロンしてよう」と言うと、何も言わず下を向きます。保育者が、「わかった、先生が静かな声でお話しようか？　三匹の子ぶたさんがいいかな、それともおだんごぱんがいいかな？」と聞くと、ふうかちゃんはうれしそうに「子ぶたさん！」と答えました。保育者が、「オッケー！　じゃあ、お布団に横になって、お隣でお話するね」と言うと、ふうかちゃんは「わかった！」と言って保育室に静かに戻り、布団に横になると、お話をうれしそうに聞いていました。

この時期の子どもの午睡は、すぐ眠くなる子どももいれば眠りたくない子どももいて、個人差があります。双方の子どもにとり心地よい時間にしていく工夫が、保育者には求められます。

保育者は、ふうかちゃんがなぜ布団に横になりたくないのかはわからないけれど、言葉では十分に自分の気持ちを伝えきれないもどかしさから、「寝たくない気持ち」を行動で表現していたことに気づいていたのだと推測しています。そこで、保育者はその理由を聞こうとする姿勢をもって、ふうかちゃんに肯定的な言葉をかけたのでしょう。そこで、ふうかちゃんも肯定的に関わってくれることで、保育者の言葉に耳を傾けるようになったのだと思います。保育者から見れば、一見乱暴であったり、困った行動などと思いがちですが、「どうしてこういう行動をとっているのか？」という視点でとらえていくことで、子どもの本当の思いに気づくことができるのです。

さらに保育者は、ふうかちゃんの眠りたくない気持ちを受け止めて「素話*」を提案しました。これはふうかちゃんが、お話に興味・関心があることからの提案であったり、午睡時間というなかでふうかちゃんに保育者自身ができることとして考えた提案だと推測できます。いずれにしても、保育者は、ふうかちゃんと応答的なやりとりを大切にして、子どもが納得できるように関わることを大切にしたことが理解できます。

この時期の子どもとの関わりは一筋縄ではいかず、大泣きしたり、かんしゃくを起こしたりするなどもよく見られるため、根気よく関わることも必要となるでしょう。また、クラスや園の保育者同士で連携を密にしながら、ていねいに関わることのできる環境も整えていくことが大切になります。

重要語句

素話

→絵本や人形など道具を一切使わず、保育者（語り手）がその声や表情だけで子どもに物語を聞かせること。聞き手の子どもが自由に自分だけのイメージを広げて楽しむことができるという点が大きな魅力である。「お話」「語り」「ストーリーテリング」と呼ばれることもある。

事例⑤　「階段のぼった！」　ひろとくん（1歳11か月）

1歳児クラスの6人と保育者3人で、近くの神社に散歩に出かけました。この神社には8段（4段―踊り場―4段）ほどの階段があり、そこをのぼると探索遊びを楽しめる場所があります。ひろとくんは、家庭での生活で抱っこや車の移動が多く、階段の上り下りの経験が少ないと保育者は感じています。そこで、意識的にここへの散歩を取り入れて、挑戦できる機会をつくっていますが、結局、抱っこになってしまうことに保育者は悩んでいました。

階段に到着すると、保育者がひろとくんに1対1でつくようにして、階段を上りはじめます。ひろとくんは、はじめは自分で一段一段足をそろえながら「んしょっ……」と言いながら上っていくので、保育者は転んでも支えられるように後ろについて見守っています。しかし、4段上って踊り場のところで、「だっこいい？」と言って保育者に抱っこを求めます。保育者は少し考えて、「もう少し頑張ってみようよ、先生そばにいるから、ね！」と明るく言葉をかけてみました。すると、ひろとくんは少し考えてから階段を上りはじめました。バランスを崩しやすい動きをしていたので、保育者は手を広げて後ろからいつでも守れるようにします。ひろとくんは2段目に片足をかけると「せんせー、だっこ、だっこ……」と甘え

るように泣き出しそうな表情で言います。保育者はどうしようかと迷いましたが、何とか最後までやり遂げてほしいという思いがあり、「大丈夫だよ、ここまでできたんだよ、あと少しだよ。先生はここにいるから、絶対いるから、ひろとくんもうちょっと！」と励まします。ひろとくんは、一段上ろうとするたびに「せんせー……」と言いながらも、保育者に繰り返し励まされて、8段上りきりました。ひろとくんは大きな深呼吸をして笑顔を見せました。保育者は思わずひろとくんを抱きしめました。

　給食のとき、ひろとくんは保育者に「ぼく、階段のぼった！　先生とのぼった！」とうれしそうに報告しながら食べていました。

　この時期の子どもは、自分で歩いて散歩ができるようになるので、保育者は階段の上り下りなどの経験についても遊びに取り入れていくようになります。

　この事例の担任保育者3人は、ひろとくんの階段の上り下りの経験の少なさを課題としながらも、ひろとくんの今の発達状況から、挑戦する気持ちになればできるのではないかという見通しがあったことが読み取れます。そこで、ひろとくんが階段を上る場面で、保育者1人がついてひろとくんが挑戦できる環境を整えたのでしょう。ひろとくんは、階段を上る過程のなかで何度も抱っこを求めますが、保育者がそばについて前向きな言葉をかけながら励ましています。保育者は、「ひろとくんに無理強いしていないだろうか？」「もう少しだからがんばってほしい」など、気持ちが揺れていることもうかがえます。それでも、保育者がひろとくんの安全を確保しながら励まし続けたのは、ひろとくんの力を信じているからこそだったのでしょう。その気持ちが伝わっているからこそ、ひろとくんは何度もくじけそうになりながらも挑戦し続けたのだと思います。その結果、ひろとくんは階段を上りきることができました。ひろとくんが味わうことができた達成感の大きさは、大きな深呼吸をして笑顔を見せたことや、給食場面でうれしそうに話していることからも理解できるでしょう。

②保育者の関わりのポイント（1歳以上3歳未満児）

　この時期の子どもへの関わりは、子ども一人ひとり、あるいは一場面一場面で、目の前の子どものまるごとの姿を肯定的に受け止め、適切な関わりを探っていくことが求められます。時間もかかり、根気も必要ですが、その姿こそが健やかに発達していることを意識して、自ら育とうとする力があることを信じ、子どもの気持ちに寄り添い一緒に考えていく姿勢で言葉をかけるなどしていきましょう。また、個人差が大きい時期のため、ほかの子どもと比べずに、今必要とする保育者の関わりについて考えていく

5コマ目

保育の人的環境としての保育者と子どもの発達

ことも大切になります。

3　3歳以上児の発達に寄り添う保育者の関わり

①実際の保育の事例から考える（3歳以上児）

事例⑥　お手伝いしたいの！　ちかちゃん、れいなちゃん（3歳児）

　ある日、テラスに枯れ葉や砂があることに気づいた保育者は、ほうきを出してきて掃きはじめました。それを見たちかちゃんが、「私やりたい！」と言ってきました。保育者は「わー、うれしい！　手伝ってくれて助かるわ。お願いね」と言って、ちかちゃんにほうきを渡しました。すると、れいなちゃんがやってきて、保育者とちかちゃんに「ちかちゃんだけずるい、れいなだってやりたいのに！」と言いました。保育者は、「私がお掃除しようとしたら、ちかちゃんがやってくれるって言ってくれたから、お願いしたのよ」とれいなちゃんに説明しました。ちかちゃんは「ちかちゃんが先にお手伝いするって言ったんだよ」と少し怒ったように言いました。しかしれいなちゃんは、「だって、れいなもやりたいんだもん」と譲りません。保育者は、「ちかちゃんもれいなちゃんもお手伝いしようとしてくれる気持ちはとってもうれしいなあ。でも、どうしたらいいかな。ねえ、一緒に考えようよ」と言いました。その後、ちかちゃんもれいなちゃんも手伝いたい気持ちを主張するので、保育者は「そうなんだよね。2人とも手伝ってくれようとしてるんだよね」と言いました。するとれいなちゃんが、「そうだ！　事務所の前にもほうきがあったから、園長先生に聞いてもってくる！」と言って事務所へ駆け出し、園長先生に話してほうきをうれしそうにもってきました。「よかったね。よ～く考えるとすてきな考えがうかんでくるね。じゃあ、おそうじお願いするね」と保育者は、2人の頭をなでてお願いすることにしました。ちかちゃんとれいなちゃんは「一緒にやろうね！」と張り切って、ほうきを使って掃除をしました。

　3歳以上児は、保育者が何気なくしていることに、より興味や関心が高まって自分もしたいと思うようになります。事例のちかちゃんは、保育者がほうきで掃く姿を見てやりたい思い、れいなちゃんは保育者とちかちゃんのやりとりに気づいてやりたいと思ったのでしょう。そこからいざこざがはじまりました。保育者は、ちかちゃんが「私やりたい！」と言ってきたときも、2人が譲らずに言い合っているときも、「助かるわ」「うれしい」と「自分は～思う」という思いを伝えています。このように、正しいとか間違いということではなく、保育者が肯定的に思っていることを伝えるこ

とによって、2人は自分たちが認められている気持ちになることでしょう。それが、一緒に考える気持ちにつながっていきます。

　さらに保育者は、このいざこざをちかちゃんとれいなちゃんがどうしたらよいのかを考える機会としてとらえて関わっていることが、理解できます。きっとこの事例の保育者は、使用できるほうきがほかの場所にもあるなどさまざまな解決策を知っていたのですが、それを子どもたちが気づいて行動することを待っていたのだと推測します。その結果、ちかちゃんとれいなちゃんの2人で問題を解決する経験ができ、その後2人で楽しくほうきで掃くことにつながったのです。

事例⑦ 　水が染みちゃうな……わたるくん、じゅんくん、まなとくん、だいくん（5歳児）

　砂場で、わたるくん、じゅんくん、まなとくん、だいくんの4人は、山をつくってそこに水を流して川をつくろうとしていました。保育者はその様子を遠くから見ていました。大きな山はできたものの、山のまわりに溝をつくって水を流すと山が崩れていってしまいます。わたるくんが「もう、なんでだよー。ちゃんと固めたの？」と言うと、まなとくんは「ちゃんとやったよ」と答え、じゅんくんは「水が砂に染みちゃうんじゃない？」と思いつきました。それを聞いただいくんは「じゃあ、どうする？……水が染みないものって何だろう？」と考えはじめました。すると、以前皆で紙パックを使って船をつくりプールで遊んだ経験を思い出したじゅんくんが、「川の道に紙パックを敷けばいいんじゃない？　そしたら山が崩れないかも……」と提案しました。ほかの3人も納得した表情で、わたるくんは「じゃあ、もってくるね、待ってて」と保育室に駆け出しました。わたるくんは「紙パック……」とつぶやきながら、廃材箱（廃材遊びをするコーナーにある箱）を探しましたが見当たりませんでした。そこで保育者のところに行って、「先生、川をつくるから紙パックほしいんだけど、どっかないかな？　廃材箱にはなかったんだ」と聞きました。保育者は、「そうね、もしかしたらりんご組さんにあるかも。聞いてみたら？」と言いました。わたるくんは、りんご組の保育室に行って、紙パックをもらうことができました。わたるくんは、「もってきた！　これさー、ハサミで切って使おうよ」と言いながら砂場にもっていきました。ほかの3人も「じゃあ、ハサミもってくるよ。くっつけるセロテープもいるかな？」など、相談をしながら道具をそろえて川づくりがはじまりました。

　5歳児になると、子ども同士で相談しながらつくり上げていく協同的な

遊びが展開していきます。この事例では、子どもたちが砂で山をつくって、そのまわりに川を流すイメージをもって取り組んでいくものの、その過程のなかで水を吸収してしまう砂や水の性質に気づき、どうしたらよいのかを一緒に考えています。保育者は、遠くから見ていたので、子どもたちが困っていることには気づいていましたが、そのまま見守っていました。そして、わたるくんが紙パックがないか聞きに来たときに、それがありそうな場所を教えるだけでした。一見、保育者が、子どもの遊びに無関心なように感じてしまいがちですが、子どもたちが仲間と一緒に相談してつくり上げていくことを経験していくための重要な関わりなのです。自分たちが考えたアイデアを実現するためには何が必要で、どのような道具が必要で、どのように配置をしていくのかなど、この事例の後もさまざまな相談や関わりが続いていくことでしょう。

　保育者の適切な関わりとは、直接的な関わりを考えがちですが、このように子どもに気づかれないようにそっと見守ったり、さり気なくヒントを伝えていくことも、状況によっては適切な関わりとなります。特に子ども同士で生活や遊びをつくり上げていく5歳児は、このような関わりが大切になります。

②保育者の関わりのポイント（3歳以上児）

　3歳以上児は、基本的生活習慣が自立していき、子ども同士での関わりが広がり、その関係性も深くなっていきます。そのためいざこざがたびたび起こりますが、保育者はそれぞれの子どもの姿を肯定的に受け止めつつ、子ども同士が考え、思いを伝えながら解決していけるように関わっていくことが求められます。また年長児ごろには、保育者は子どものやりとりを見守りながら、望ましい経験ができるためのよりていねいな環境づくりをしていくことと、保育者の関わりを必要とする場面を見極めて、言葉をかけたり、行動していくことが大切です。

おさらいテスト

❶ 子どもの発達は［　　］ある人との関わりによって保障される。
❷ 保育者は［　　］として重要な意味をもつ。
❸ 目の前の子どもの［　　］を理解したうえでの保育者の関わりが大切である。

演習課題

現在の自分の身のまわりの人的環境について考えてみよう

①自分が日常生活のなかで関わっている人をとりあげて、以下の表をつくってみましょう。

自分の人的環境となる人	その人は自分にどのような影響を与えているか	現在、その人のことをどう思っているか
（例）養成校の○○先生	（例）保育者になるために多くのことを教えてくれて、保育者になるモチベーションを高めてくれる。	（例）先生の話はおもしろいし勉強になるが、厳しさも感じていて、近寄りがたい。

②4～5人のグループをつくり、各項目にとりあげている内容や各項目の関係性について発表し、考察してみましょう。

事例をもとに考えてみよう①

　以下の事例の保育者が自分であることをイメージして、この事例のあと、保育者としてどのような保育の意図をもって関わるのか考えてみましょう。

事例	鬼ごっこ　れんくん、たいがくん、かなちゃん（5歳児）

　園庭で遊んでいるとき、れんくんが「鬼ごっこやろうぜ」と言って、10人の年長児と保育者ではじめることになり、たいがくんが鬼になりました。たいがくんは「1、2、3……」と数を数えはじめ、10になるとすぐに走り出しました。たいがくんは、一生懸命追いかけますが、なかなか捕まえることができません。しばらくすると、追いかけるのをやめて座り込み、「もう、誰も捕まらないじゃんか、つまんない」とすねるように言い出しました。すると、かなちゃんが「だって、たいがくんかけっこ遅いじゃん」と笑いながら言いました。たいがくんは怒ったように「そういうこと、言わないで‼」と叫びました。れんくんが「早く鬼ごっこしようよ、どうすんの？」と言うと、ほかの子どもも「そうだよ、つまんない」「かなちゃん、そういうこと言っちゃだめだよ。たいがくんがかわいそうじゃん」などと言い合うようになり、雰囲気が悪くなりました。保育者は、このままでは鬼ごっこが継続できないのではないかと感じました。

①保育者は、このあと5歳児の子どもたちにどのように関わるでしょうか。

演習課題

事例をもとに考えてみよう②

- -

② ①のように関わった根拠について考えてみましょう。

【根拠を考える視点】5歳児の発達の側面、それぞれの子どもの思い、鬼ごっこに参加
する一人としてなど

[

]

③ 4 ～ 5 人のグループをつくり、①、②について発表し合い、気づいたことをまとめて
みましょう。

[

]

子どもの集団での育ち

1 子どもの集団での関わり

　現代は少子化が進み、また、たくさんの子どもが一緒に過ごせるような外遊びの空間も少なくなってきていることもあり、子ども同士が集団で関わることが難しくなってきています。そのようななか、同年齢・異年齢の子どもがたくさん集まる保育の場は、集団で関わることができる場として、子どもの発達にとって重要になっています。

　子ども同士が関わる機会として最も基本的なものが、遊びになります。子どもは遊ぶことによってさまざまな発達が促され、またその発達により遊び方が変化していきますが、集団での遊びによって最も培われるものは社会性*といってもよいでしょう。

1 遊びにおける子ども同士の関わり

　乳幼児期をとおして子どもはおおむね自己中心的*な存在です。なぜなら子どもは、自分の見方・感情・考えから離れた視点をもつことが難しいからです。他者から自分はどう見えているのか、他者はどのような気持ちなのか、他者は何を考えているのかなどを理解したり推測したりできるようになるためには、経験が必要です。子どもはその経験の多くを、遊びのなかで得ていきます。

　まず、友だちと遊ぶためには友だちに注意を向けることが必要です。そうして興味をもって近づいていったりまねをしたりすることで、遊びのようなものが始まります。まねをするようになったら、今度はちょっかいを出してみたり、顔を見合わせて笑ったりします。ここでやっと友だちとの関わりが生まれてきます。

　関わりが生まれてくると、ときにはぶつかり合ったりいざこざが生じてきたりします。そうなると楽しいはずの遊びが楽しくなくなってしまいま

外で、集団で遊んでいる子どもを見ることもあまりなくなりましたね。

重要語句

社会性

→人とうまく関わる力。

自己中心的

→ピアジェの提唱した用語。自分からの視点でしか認識できず、他者視点からの見方・感じ方を理解するのが難しいこと。

●図表6-1　パーテンによる「遊びの分類」

遊びの種類・状態	内容
何もしていない行動	目的や意図をもたずに、ぶらぶらしたり、興味あるものを見たりなど、集団内で何もしていない状態。本来の遊びの段階に進む前で、いろいろな刺激を吸収している状態と言える。
一人遊び	明らかな遊びの状態であるが、自分一人だけで遊ぶ状態。他の子どもへの関心がみられず、独り言を言いながら遊んでいることもある。2歳～2歳半ごろに多くみられ、成長とともに減少していく。
傍観的行動	ほかで遊んでいる子どもの様子をそばに行って見ている状態。その遊びに参加しようとはしないが、遊んでいる子どもには話しかけるなどの行動がみられることがある。他の子どもへの関心が向き始める段階。2歳半～3歳ごろにみられる。
平行遊び	ほかの子どもの近くで同じような遊びをする状態であるが、一緒にその遊びを展開することはない。両者間の交流はみられず、同様の遊びをそれぞれ独立して行っている段階。2～3歳にかけてよくみられる。
連合遊び	複数の子どもが同じ遊びを一緒に行う状態で、他の子どもとの間に交流がみられる。道具の貸し借りや会話はみられるが、同じ遊びをヨコのつながりをもって行っている段階で、明確な役割分担はみられない。4～5歳でよくみられる。
協同遊び	一つの遊びを子どもたちが相互に関わり合いながら進めていく段階。役割分担や遊びのルールなどが明確に存在し、それにともなう社会的行動を含んだ組織的な遊びに発展する。4～5歳ごろになると急激に増えてくる。

出典：松本峰雄監修、大野雄子・小池庸生・小林玄・前川洋子『保育の心理学演習ブック』ミネルヴァ書房、2016年、56頁を一部改変

す。そこで楽しく遊ぶためには、我慢したり相手に合わせたり、ときには自己主張することも大切だと学び、うまく遊ぼうとするなかでルールのある遊びができるようになります。遊びのなかでのルールが守れれば、社会的な「約束」も守れるようになっていき、それが社会性の基礎となります。

パーテン

Parten, M. B.
1902〜1970
アメリカの社会学者。
就学前の子どもの社
会的遊びや、リーダー
シップの研究をした。

2 遊びの分類と子どもの社会性

前述した子どもの遊びの変化を「遊びの分類」としてまとめたのが、社会学者であるパーテンです。

図表6-1はあくまでも分類となっていますが、表の下にいくほど子どもの年齢が上がっていくことから、「遊びの発達」ととらえてもよいものです。保育者として子どもの遊びに関わっていく場合、いかに「協同遊び」ができるように促していくかが大切になります。

3 子どもの遊びへの援助と社会性の育ち

図表6-1にある遊びを、社会性という観点からくわしく説明していきます。またそれぞれの遊びへの働きかけ方も見ていきましょう。

①一人遊び

この遊びは「まだ他者に興味を向けるほど余裕がない」状態です。遊びはじめると楽しくて夢中になり、使っているおもちゃなどから目を離せなくなるのです。2歳ごろに多く見られる遊びですが、ここであまり大人が関わりすぎると遊びを邪魔することにもつながります。保育者としてはときどき声をかけたりすることも必要ですが、楽しく遊んでいる姿を見守る姿勢が大切になります。もし、子どもが保育者のほうを見てきたら、笑顔で言葉をかけてあげましょう（図表6-2）。

●図表6-2　一人遊びへの対応

ブーブ
かっこいいねえ

①見守る　　　　　②笑顔で言葉をかける

②傍観的行動

ほかの子どもが遊んでいるところをただ見ている状態です。次の平行遊びにつながっていくための大事な段階となります。この段階に対し、保育者として関わるうえで大切なのは、「無理に一緒に遊んであげようとしない」ことです。傍観している子どもの隣に行って「あの子ブーブで遊んでるねえ。いいねえ」などと、傍観の対象となっている子どもの遊びを言語化して声かけをしたり、同じおもちゃを、傍観している子どもの近くにもってきてあげたりするなどの関わりをするとよいでしょう（図表6-3）。ほ

かの子どもをじっと見て観察していることが大切なので、必要以上に邪魔をしないようにしましょう。

●図表6-3　傍観的行動への対応

> ブーブで遊んでるね
> いいねえ

子どもの遊びを言語にして声かけする

③平行遊び

すぐ近くに寄って行って同じ遊びをしていたりしますが、子ども同士の交流はありません。「同じ遊びをしている一人遊び」のような段階です。

この段階では、おもちゃを取り合ったり、取られたことに腹を立てて叩いたりすることが見られます。ほかの子どものおもちゃを取ってしまうのは、けっして意地悪なわけでもわがままなわけでもありません。ほかの子どもも「自分と同じように遊んでいるんだ」と気づくことができないだけです。こうしたいざこざによって、他者と関わって遊ぶことを少しずつ学んでいきます。

この段階での保育者はあまり介入しすぎず、見守りましょう。いざこざが起きたらおもちゃを取り返してあげたり、「これは○○くんが使ってるおもちゃなんだよ」「お友だちのこと叩いたらダメなんだよ」などの声かけをしてあげましょう。

④連合遊び

仲間と数人で一緒に一つの遊びをするようになりますが、役割分担や明確なルールなどはないため、遊んでいる最中にもめることもあります。

この段階での保育者の関わりとしては、「役割分担するともっとうまくできる」ということを教えるような形が望ましいでしょう。たとえば、皆で積み木を積んで何かをつくっているときなどに、「○○くんはこっちから積んで、△△ちゃんはこっちから積んだら、もっと大きいのがつくれるよー」などのように伝えます（図表6-4）。役割を分担するほうが、遊びが楽しくなるということがわかれば、子どもたちは自ら役割を分担するようになっていきます。加えて、順番を守ると皆で楽しく遊べることも促していきます。

6コマ目　子どもの集団での育ち

> 「順番守らないとダメ！」のような禁止・否定の言葉よりも、「じゃあ○○くんの次にやろうね」のような肯定的な表現をしてあげたいですね。

●図表6-4　連合遊びへの対応

役割分担の方法を教える

⑤協同遊び

　ルールのある遊びが楽しめるようになる段階です。役割分担もこなせるようになります。ただ、そのときの気分に左右されて、ルールが守れないこともまだあります。

　この段階では、保育者は一緒になって遊んであげるのがよいでしょう。先生というより「遊び仲間」の一人になってあげるような姿勢です。そして、ルールを破る子どもがいる場合も、「こら！　なんでルール守らないの！」というように大人として対応するよりは、「あー、ルール破るのいけないんだー」などのように、まずは「仲間の一人」として関わっていくのがよいでしょう。すぐに介入していくのではなく、まずは子どもが自分たちで解決できるかどうかを見守ります。

4　遊びの選択

　以上のことからわかるように、子どもにとって遊びとは、「自ら選択していくべきもの」です。大人による過度の介入・押しつけは好ましくありません。

　仲間と遊ぶ年齢になっても一人遊びをしている子がいます。その子は一人遊びをしていたいのかもしれません。その場合には、それがその子の選択なのです。無理に集団遊びに引き込もうとしたりせずに、その子の一人遊びを尊重しましょう。

　しかし、一人で遊びたいのではなく、そうすることしかできない子どももいます。その代表的な理由について2つの例を説明します。

①「一緒に遊ぼう」と自分で言えない子ども

　子どもの様子を見ていれば、一人で遊んでいたい子どもなのか、皆と遊びたいのに言えないでいる子どもなのかは、わかるはずです。

　「友だちと一緒に遊びたい」と言えない子どもは、自己主張がうまくできない子どもです。だからといってすぐ保育者が、「ねえねえ、○○くんがみんなと遊びたいんだって！」などと代弁してしまうのは、せっかくの

皆と遊びたいのに言えない子どもは、遊んでいる友だちの方を気にして見ていることが多いですね。

84

子どもの育ちの機会を奪うことになります。まずは言えないでいる子のそばに寄り、「一緒に遊ぼって言ってみようか？　先生が一緒に言ってあげるからがんばって言ってみよう」などと言葉をかけ、そのあとでその子どもが自分で言えるように促してみましょう。

②まだ社会性が育っていないため一人遊びしかできない子ども

　まだ社会性が十分育っていないために、仲間と遊べない子どももいます。その子どもを集団の遊びに引き込むのは避けるべきです。なぜなら、社会性が育っていない子どもにとってほかの子どもは脅威であり、一緒に遊ぶのは苦痛になる可能性が高いためです。たとえていうならば、自動車教習所に通いはじめた初日に高速道路を走らされるようなものです。楽しいどころか苦痛や恐怖を感じ、二度と遊ぶのは嫌だという気持ちになってしまうことも起こりうるのです。

　一人遊びの段階にとどまっている子どもには、まずは前項で述べた傍観的行動の経験を積ませたり、保育者が同じ遊びをしたりすることで、平行遊びを経験させてみましょう。

2　子どもの育ちにつながる関わり

1　仲間とのぶつかり合い・けんか

　子どもにとっては、仲間とけんかをする経験も育ちに必要なものです。けんかではさまざまなことに気づくことができます（図表6-5）。

　けんかをただのいざこざではなく、図表6-5のような経験にするためには大人の支援が必要です。ここではけんかの対応について説明します。

　まず、けんかの対応で大切なのは、どっちが悪いのかを保育者が決めて子どもに謝らせたりしないことです。すぐに解決しようと（謝らせようと）焦らずに、じっくり対話をしていく姿勢をもちましょう。

　また、けんかがはじまったからといって、すぐに保育者が止めようとする必要もありません。まずは見守りましょう。ただ、固い玩具や尖った玩具で叩こうとするなどの危険な形でけんかをしはじめたり一方的になったら、即座に介入します（図表6-6）。

●図表6-5　けんかで気づくことができること

・けんかをすると悲しいこと
　　→けんかを避けようとするようになる
・けんかをした相手も泣いてる＝悲しいこと
　　→人の気持ちを理解することを学ぶ
・ときには我慢しないと仲間とうまくやっていけないということ
　　→自己制御*の必要性を学ぶ
・我慢せずに「言葉で伝える」ことも必要であること
　　→感情を行動化するのではなく、言語化することの大切さを学ぶ

6コマ目　子どもの集団での育ち

🖊重要語句

自己制御

→自分の行動を自分でコントロールすること。

●図表6-6　けんかの対応の例

【おもちゃを取られた子が、取った子を叩いてしまってけんかになった場合】

①まずは両者を分けて、別々に一人ずつ話を聞く
　2人の保育者がそれぞれの子どもの話を聞くのが望ましいが、1人の保育者で対応する場合は、「より興奮しているほうの子ども」の話から聞く。

↓

②「どうしたの？」とけんかについて聞く
　このときにけっして怒ったりしないようにする。子どもはただでさえけんかをしてしまって落ち込んでいる。嘘をつくかもしれないが、それを問いただす必要もない。子どもが嘘をつくのは自分が悪いと思っているからである。

↓

③その子の気持ちを受け止める
　「そっか、おもちゃ取られてくやしくて叩いちゃったんだね」などと、子どもの気持ちに寄り添ってあげるとよい。ここでも叱る必要はない。

↓

④相手の気持ちを想像させる
　「叩かれたあの子はどんな気持ちになってると思う？」などど、けんか相手の気持ちを想像させるとよい。

↓

⑤正しい対応を考えさせる
　この場合だと、「おもちゃを取られた場合」の正しい対応を考えさせる。「けんかにならないためにはどうすればよかったと思う？」と聞くとよい。もし子どもが、「叩かないで先生に言えばよかったと思う」などそうすべきだった対応を言えたら、「そうだね、よくわかってえらいね」と褒める。もし子どもが考えを言えなければ、「先生は○○するとよいと思うなあ」などと子どもに考えるヒントを与える。

↓

⑥約束させる
　正しい対応が言えたり、保育者が教えたうえで考えたりして納得することができたら、「じゃあ今度はちゃんとそうできる？」と次はその対応をすることについて約束させる。もし約束できたら、また褒める。

↓

⑦最後に握手
　1人の保育者で2人の子どもに対応する場合は、②〜⑥の対応を、もう一人の子どもにも行う。最後は、握手をするのが筆者の経験上一番うまくまとまることが多い。握手する子どもの顔は恥ずかしそうで誇らしそうな、何ともいえない素敵な顔になる。このとき謝るか謝らないかはあまり重要ではないが、子どもが自主的にお互いに「ごめんね」と言うことも少なくない。片方の子が謝ったのにもう片方の子が謝らなかったら無理に謝らせずに、「ほら、謝ってくれたよ、どうする？」といった促し方をするとよい。

　これはあくまでも一例であって、いつもうまくいくとは限りません。ただ、けんかを子どもの育ちの経験とするための要素は詰まっています。参考にしながら臨機応変に工夫しつつ、けんかへの対応に生かしましょう。

2　異年齢児との関わり

保育の場では異年齢の子どもと関わる機会も少なくありません。今の時代、一人っ子の家庭が多くなっています。きょうだいのいない子が多くいるなか、保育所等できょうだいのように年上の子や年下の子と関わることには、さまざまなメリットがあります。

①年上の子どもと関わるメリット

子どもは「見て学ぶ」生き物です。年上の子どもと関わることで観察し、行動を学習していきます。しかも年上のおにいちゃん・おねえちゃんは保護者や保育者よりも体の大きさや能力が近い存在であるため、学習が促進されることが期待できます。子どもが今の自分にはできないことを、それができているおにいちゃん・おねえちゃんを見て学ぶのです。

②年下の子どもと関わるメリット

年下の子どもと関わることは、子どもにとって「お世話をする」側にまわる経験になります。それは、今まで自分がお世話をされているだけだった状態からの脱却を意味します。自分より弱いものを慈しむ経験にもなりますし、そのまだ弱い存在と自分を比べることで、「自分はもうこれだけできるんだ！　すごいんだ！」という自己肯定感をもつことにもつながります。

ただ、こうしたメリットを最大限に生かすには、保育者の関わりが重要になります。基本的には年上の子たちが年下の子にうまく関われるようにしていくことが大切です。たとえば、まだうまく言葉で表現できない年下の子どもの気持ちを、保育者が代弁して年上の子どもに伝えます。あるいはあらかじめ「まだこの年の子だと○○はできないんだ。だから××してあげてね」などと伝えておくことも必要です。

そして何よりも、異年齢の子ども同士が関わることはすごく楽しいことなんだという雰囲気づくりをしっかりしていきましょう。

おさらいテスト

❶ 子ども同士が関わる機会として最も基本となるのが〔　　〕である。
❷ 子どもの社会性を育てるには〔　　〕の関わり方が大切である。
❸ けんかや〔　　〕は子どもの発達にとって重要である。

> 📝 **プラスワン**
>
> **学習**
> ここでいう学習とは、勉強のことではなく、環境の影響や経験によって、行動が新しく獲得されたり、行動が変容したりすること。

6コマ目　子どもの集団での育ち

子どもの遊びとその関わりをやってみよう

　パーテンの「遊びの分類」を、それぞれロールプレイしてみましょう。遊ぶ子ども役と、そこに関わる保育者役を交互にやってみましょう。そのあとで、以下のことを話し合ってみましょう。

①それぞれの遊びをしている子どもの気持ち

②関わりで気をつけたことや、感じた難しさ

③子どもにしてしまいそうになること、言いたくなること

演習課題 ✎

子どもの遊びを調べてみよう

- -

　乳幼児が好む遊びを調べたり、実際に遊んでいる様子などを観察し、①～④の分類に当てはめてみましょう。

①一人遊び

[

]

②平行遊び

[

]

③連合遊び

[

]

④協同遊び

[

]

けんかの対応をやってみよう

- -

　4～6人でグループを組んで、けんかをする2人の子ども役・保育者役・観察者役に分かれて繰り返しロールプレイしてみましょう。

　一通り終わったら、以下のことを話し合ってみましょう。

①上手だなと思った保育者役の言葉かけは何か

②けんかをする子ども役のとき、わかってくれてうれしかったことは何か

③けんかをする子ども役のとき、保育者役から言われたかった言葉は何か

演習課題

異年齢保育について考えてみよう

　異年齢保育を実際に行う場合、どのようなことが考えられますか。グループで話し合ってみましょう。

①関わる子どもの年齢

[

]

②異年齢で関わりをする場面（外遊びや給食の時間など）

[

]

③異年齢保育において保育者として気をつけること

[

]

葛藤やつまずき

1 葛藤、つまずき、いざこざを通して子どもは共同生活のルールを学ぶ。

2 葛藤とは、2つの気持ちが衝突して判断ができず、身動きがとれないことである。

3 いざこざは、自分の意見を主張する方法を学習する機会である。

1 保育における葛藤・つまずき・いざこざ

1 「保育所保育指針」における葛藤・つまずき・いざこざ

　子どもが成長・発達していく過程では、いろいろな困難に出合います。それを避けたり逃げたりするのではなく、正面から立ち向かって克服していくことによって、子どもは成長していきます。そうするためには本人の努力も大切ですが、保育者、家族などの適切な支援が必要です。子どもが経験する葛藤やつまずき、いざこざなどについて、まずは「保育所保育指針」の内容から見ていくことにしましょう。

　「保育所保育指針」第2章3（2）「ねらい及び内容」イ「人間関係」では、その目標を「他の人々と親しみ、支え合って生活するために、自立心を育て、人と関わる力を養う」とし、1歳以上3歳未満児と3歳以上児に分けて、その内容を記載しています。このなかには、葛藤、つまずき、いざこざとも関連する項目が多くあります。

　1歳以上3歳未満児の内容については、以下のとおりです（下線部は筆者による。以下同様）。

「保育所保育指針」第2章2（2）「ねらい及び内容」イ「人間関係」（イ）「内容」

①保育士等や周囲の子ども等との安定した関係の中で、共に過ごす心地よさを感じる。

②保育士等の受容的・応答的な関わりの中で、欲求を適切に満たし、安定感をもって過ごす。

③身の回りに様々な人がいることに気付き、徐々に他の子どもと関わりをもって遊ぶ。

④保育士等の仲立ちにより、<u>他の子どもとの関わり方を少しずつ身に</u>

　つける。

⑤保育所の生活の仕方に慣れ、<u>きまりがあること</u>や、<u>その大切さに気</u>
　<u>付く</u>。

⑥生活や遊びの中で、年長児や保育士等の真似をしたり、ごっこ遊び
　を楽しんだりする。

　また、3歳以上児の内容については、以下の通りです。

「保育所保育指針」第2章3（2）「ねらい及び内容」イ「人間関係」（イ）
「内容」

①保育士等や友達と共に過ごすことの喜びを味わう。

②自分で考え、自分で行動する。

③自分でできることは自分でする。

④いろいろな遊びを楽しみながら物事をやり遂げようとする気持ちを
　もつ。

⑤友達と積極的に関わりながら喜びや悲しみを共感し合う。

⑥自分の思ったことを相手に伝え、相手の思っていることに気付く。

⑦友達のよさに気付き、一緒に活動する楽しさを味わう。

⑧友達と楽しく活動する中で、共通の目的を見いだし、工夫したり、
　協力したりなどする。

⑨<u>よいことや悪いことがあること</u>に気付き、考えながら行動する。

⑩友達との関わりを深め、思いやりをもつ。

⑪友達と楽しく生活する中で<u>きまりの大切さに気付き</u>、守ろうとする。

⑫共同の遊具や用具などを大切にし、皆で使う。

⑬高齢者をはじめ地域の人々などの自分の生活に関係の深いいろいろ
　な人に親しみをもつ。

　以上のように、保育所等における子どもの人間関係は、最初は保育者と
の安定した関係が中心となりますが、成長していくにつれて子ども同士の
関係が芽生え、それに伴い、葛藤や人間関係のつまずき、いざこざが増え
ていきます。葛藤、つまずき、いざこざを通して子どもは共同生活のルー
ルを学び、また、子どもたち同士の関係を深めていきます。ときには見守
り、ときには介入*するなど、保育者の援助がとても大切になっていきま
す。

2　葛藤とは何か

　「葛藤」という言葉は、英語では「conflict（コンフリクト）」といい、
conflict には衝突、対立という意味があります。葛藤とは、2つの気持ち
が衝突して判断ができず、身動きがとれない、そのために行動をすること
ができず、ストレスや欲求不満がつのってしまうことをいいます。

　心理学者のレヴィン*は、葛藤を3種類に分類しました（図表7-1）。

重要語句

介入

→もめごとの当事者
ではない人が入り込
んだり、トラブルを起
こしている人の間に
割って入ること。

レヴィン

Lewin, K.
1890〜1947
ドイツ生まれで、アメ
リカで活躍した心理
学者。「人間は部分の
集合ではなく全体を見
る」という「全体観の
心理学」ともいわれる
ゲシュタルト心理学に
強い影響を受け、情
緒や動機の問題を研
究し、パーソナリティ
や社会心理学の領域
にも多大な功績を残し
た。ゲシュタルト心理
学者により研究された
「仮現運動」は、現代
の動画・アニメーショ
ンの原理ともなってい
る。

7コマ目

葛藤やつまずき

●図表7-1　レヴィンによる葛藤の分類

種類	内容
①接近：接近型	どちらも選びたいけれど選べない場合
②回避：回避型	どちらも避けたいけれど避けられない場合
③接近：回避型	選びたい気持ちと避けたい気持ちが混在している場合

　つまり葛藤とは、どの場合も2つの要素が関わっていて、そのどちらかを選択することが困難であるために行動ができないということです。子どもが、「積み木で遊びたいけれど絵本も読んでほしい」という状態は①に当たりますし、「練習をするのは嫌だけれども皆の前で上手に歌えないのも嫌だ」という状態は②に当たります。「皆のなかに入って一緒に遊びたいけれどもなかなか入れない」という状態は③に当たります。どのような気持ちがぶつかって葛藤しているのかを保育者は理解する必要があります。

3　つまずきとは何か

　次に「つまずき」について考えてみましょう。歩いているときに石や木の切り株などに爪先が当たって転んだりすることを「つまずく」といいますが、ときに何もなくてもつまずくことがあります。

　子どもの発達における「つまずき」の原因・要因には、生まれる前の問題、生まれる前後に起きた問題、出生後のさまざまな要因などが考えられます。さらに、子ども本人の要因だけではなく、親が親になる準備ができていないなど周囲の環境に問題があり、適切な保育を受けることができなかった場合なども考えられます。しかし、発達におけるつまずきの多くは、その原因を特定することが難しく、そのため、「自分の子どもはほかの子どもと違うのでないか」という漠然とした不安を抱えている保護者は少なくありません。こうした保護者の不安や悩みについて、保育者は寄り添って支援していく必要があります。

　保育現場からも、「落ち着きがなく激しく動き回る」「集団のなかでまわりにいる友だちと遊べない」「攻撃的な行動が多い」「家庭で甘やかしすぎているのではないか」などの悩みが多く聞かれ、そのような子を「気になる子ども」と呼ぶ場合もあります。「気になる子ども」もある意味で、発達上つまずきを抱えている子どもであるといえます。

4　いざこざとは何か

　「いざこざ」とは、取るに足らない小さなもめごと、悶着、トラブル、ごたごた、といった意味があります。子ども同士のいざこざは、ちょっとした言い争いのようなことから本格的なけんかに発展する場合もあります。学生の皆さんが実習中などにそのような場面に遭遇したらどうすればよいのでしょうか。

　乳幼児期のいざこざは他者理解や共感性の発達を促し、自分の意見を主張する方法を学習する機会でもあります。そのため、保育の現場では、子ども同士でトラブルがあった場合、直ちにそれをやめさせたり介入したり

気になる子どもについては1コマ目を、発達障害を含む特別な支援が必要な子どもについては14コマ目を参照しましょう。

するのではなく、子どもたちの安全を確保し、危険な状態になったら介入する準備をしたうえで見守るのが正しい態度であるといえます。保育者による介入には、子どもの興奮や緊張状態を緩和し自分の行動を振り返る場をつくり出す機能と、ネガティブな気分を切り替え、状況を転換させる機能の２つがあります。保育者は、自らがこのような機能を果たすことを理解したうえで、適切なタイミングで介入することが大切です。

いざこざへの対処方法については、６コマ目も参照しましょう。

2　事例からみる葛藤、つまずき、いざこざへの支援

　では、保育者は日々の保育のなかでどのように子どもたちの葛藤、つまずき、いざこざに対して支援を行っているのでしょうか。ここからは実際の事例を見ていきましょう。

　子ども同士のいざこざについては、どちらも悪くないようなこともありますし、状況の把握が難しい場面も多々あります。５歳児クラスのなかで起こった一つの出来事に対して、保育者が誤った判断をしてしまった事例を見ていきましょう。

事例①　真実を隠す心の揺れ動き（５歳児）

　ある日の昼食前の時間、５歳児クラス15人が園庭で遊んでいました。

　高さ２mある園庭の遊具の縁に、きよなちゃんが座っていました。遊具の上にはきよなちゃん以外に、ゆうたくん、けいたくんとほか２人の計５人が登っていました。その最中、遊具の上からきよなちゃんが背中を押され、その反動で遊具の前方にある高さ1.6mの築山の傾斜面に落ちてしまうという事故が起こりました。

　保育者は、きよなちゃんが直接落ちるところは確認することができませんでしたが、泣いているきよなちゃんに気づき、落ちたことを知りました。きよなちゃんの洋服の肘部分が汚れ、当時地面がぬかるんでいたため、滑っておでこも地面にぶつけていました。

　近くにいたゆうたくん、けいたくんに事情を聞くと、「きよなちゃんに叩かれたからやり返して、自分たちで押した」と言いました。幸いきよなちゃんは目立つ傷もなく、通院するほどのけがには至らなかったため、それぞれが話し合いのなかで謝罪をして、保護者にもその事情を説明しました。ところが後日、改めてきよなちゃん、ゆうたくん、けいたくんの３人

95

と話すと、ゆうたくんが「自分だけがきよなちゃんを押した」と話を訂正し、けいたくんは実は押していないということを伝えてきました。けいたくんはゆうたくんのそばにいて、ゆうたくんが押しているところを見ていただけなのですが、きよなちゃんから叩かれて悔しい気持ちがあったのは事実だったため、保育者から事情を聞かれたとき、押していないのに「自分も（仕返しを）やった」と話していたのです。保育者は、しっかり状況を把握できていなかったことを保護者に謝罪し、事実を伝えました。

　この事例について考えてみましょう。担任の保育者は、きよなちゃんが押されて落ちた場面を自分では見ていなかったので周囲の状況から判断することしかできませんでした。結果として、「けいたくんは押しておらず、押したのはゆうたくんだけ」という事実が後からわかりました。どうしてこのようなことが起きてしまったかというと、事の重大さに保育者が慌ててしまい、危険因子となった事柄を突き止めようと必死なあまり子どもが本音を言い出せる状況をつくることができなかった、つまり子どもの気持ちに寄り添うことができなかったことがあげられます。

　このように、いざこざが起きると、子どもだけでなく、保育者の気持ちも揺れてときに対応を誤ってしまうことがあるということを覚えておきましょう。いざこざによって子どもたちの間にトラブルが起きたときには、どうしてこのような経緯となってしまったのかを子どもたちと一緒にしっかりと振り返ることが、保育者にとって大切です。保育者は、裁判官でも検事でもないので、善し悪しを決める絶対的な立場ではありません。冷静に状況を整理し、子どもが物事の重大さを理解できるように説明し、その経緯のなかで子どもの気持ちを受け止め、成長へと導くことが保育者の役目なのです。

　次も5歳男児と保育者との事例です。

事例②　責任感を覚える年長児（5歳児）

　年長児（5歳児）のりょうすけくんは、クラスで楽器を演奏するグループのリーダーになりました。リーダーになったりょうすけくんは、まわりの子に注意をしたり自分が見本になって正しい行動をしようとしたりして頑張っていましたが、まわりの子は理解せず、なかなかその思いに同調してくれません。りょうすけくんは、明らかにリーダーとしての責任感が空回りしてしまい、葛藤していた様子でした。

　保育者はその姿を見逃さず、「あなたの頑張りはしっかり見ているし、ほかの先生もりょうすけくんのことを褒めていたよ」と伝えました。するとりょうすけくんは、張り詰めていた糸が緩んだようでホッとして涙を流しました。保育者は、りょうすけくんが今、成長にとって必要な壁にぶつかっているのだなと感じました。

　特に年長になってからは、保育者ばかりがクラスの舵取りをするのではなく、子どもたちを主体として進めていくことがとても重要です。しかし、その際に、特定の子どもに期待をかけてしまうとその子どもに大きなプレッシャーをかけることになり、ときには事例のようにつまずくこともあります。その際には壁にぶつかっている子どもの姿を受け止め、子どもの頑張りを認めるような言葉かけをして援助していくことが、子どもへの「期待」といえるのです。

　状況によっては、保育者が子ども同士の仲立ちとなり、交通整理をすることで事態の見通しがよくなることもあります。最終的な選択・決定は子ども自身に預けながらも、ときには大人や友だちの支えを受けながら、本人の気づきが深まるように工夫していきましょう。保育者は、成長するために葛藤し続ける子どもの姿を見逃さず、常に子どものそばで支えて、言葉をかけ続けるということが大切です。

　ただし、実際の保育のなかでは、常にクラス全員の子どもの近くにい続けることは難しいでしょう。その場合には、日ごろから子どもとの間の心理的距離を縮めておくことが重要になります。たとえば、どの年齢でもいえることですが、結果がともなわなくてもその過程を認めてくれることで、子どもは安心感を抱くことができます。その子の思いに共感できるよう、常にアンテナを張っておけば、小さなつまずきでも気づくことができます。そのようなとき、保育者が直接声をかけなくとも温かな視線や眼差しを注ぐことが、子どもにとって心の拠り所となります。

おさらいテスト

❶ 葛藤、つまずき、いざこざを通して子どもは［　　　］のルールを学ぶ。

❷ 葛藤とは、2つの気持ちが［　　　］して判断ができず、身動きがとれないことである。

❸ いざこざは、自分の意見を［　　　］する方法を学習する機会である。

7
コマ目

葛藤やつまずき

グループワーク

- -

　4～5人くらいの小集団に分かれて、子どもの葛藤・つまずき・いざこざについてグループワークを行いましょう。

①各グループは葛藤・つまずき・いざこざのなかから1項目を選択します。3つのテーマが全体としてバランスよく選択されるようにグループ間で調整をしてください。

②各グループは選択した課題について、その用語の意味、その用語に関わる各メンバーの幼児期の経験や自分の周囲で起きたことなどについて発表し合い、意見を交換し、保育者としてどのように対応したらよいかについて考えてください。

③各グループの代表は話し合いの概要を発表し、話し合いの内容を全体で共有してください。

演習課題

模擬職員会議を行ってみよう

- -

　4～5人でグループを組んで、保育者となって職員会議に参加している設定で、以下の
テーマについて話し合ってみましょう。

設定：施設長1人、主任1人、担任1人、担任以外の保育者1～2人とする。

①95頁の事例①にある事故が起こったと仮定して、園としてどのような対応をしたらよ
　いか、話し合ってみましょう。

②96頁の事例②でりょうすけくんが悩んでいますが、どのように励ましたらよいか担任
　の保育者から相談があった場合、どのようにアドバイスするか話し合ってみましょう。

③実習などで経験した子どものいざこざについてとりあげ、話し合ってみましょう。

7
コマ目

葛藤やつまずき

保育の環境の理解と構成

1 保育は「環境を通して行うもの」であることを基本とする。

2 保育の環境は人的環境、物的環境、自然・社会環境に分けられる。

3 保育における環境構成および再構成については子どもの理解を踏まえて行う。

1 保育の環境

1 環境を通して行う保育

「保育所保育指針」「幼稚園教育要領」「幼保連携型認定こども園教育・保育要領」では、保育の環境について、以下のように示しています（下線は筆者による。以下同）。

「保育所保育指針」第1章1（1）「保育所の役割」

イ　保育所は、その目的を達成するために、保育に関する専門性を有する職員が、家庭との緊密な連携の下に、子どもの状況や発達過程を踏まえ、<u>保育所における環境を通して、養護及び教育を一体的に行うことを特性としている。</u>

「幼稚園教育要領」第1章第1「幼稚園教育の基本」

　幼児期の教育は、生涯にわたる人格形成の基礎を培う重要なものであり、幼稚園教育は、学校教育法に規定する目的及び目標を達成するため、幼児期の特性を踏まえ、<u>環境を通して行うものであることを基本とする。</u>

「幼保連携型認定こども園教育・保育要領」第1章 第1　1「幼保連携型認定こども園における教育及び保育の基本」

（前略）幼保連携型認定こども園における教育及び保育は、就学前の子どもに関する教育、保育等の総合的な提供の推進に関する法律（平

　3つの指針・要領を比べてみると、就学教育前の保育・教育における指針・要領には、整合性がもたれていることが理解できますね。

成 18 年法律第 77 号。以下「認定こども園法」という。）第 2 条第 7 項に規定する目的及び第 9 条に掲げる目標を達成するため、乳幼児期全体を通して、その特性及び保護者や地域の実態を踏まえ、<u>環境を通して行うものであることを基本とし、</u>家庭や地域での生活を含めた園児の生活全体が豊かなものとなるように努めなければならない。

つまり、就学前教育および保育においては各保育施設の特徴を踏まえつつ「環境を通して行う保育を基本とする」と示されていることが理解できるでしょう。では、「環境を通して行う保育を基本とする」とはどのようなことなのかについて、「保育所保育指針」を踏まえて考えていきます。

「環境を通して行う保育」について、「保育所保育指針解説」では、以下のように示されています。この解説を読み解きながら整理をしていきましょう。

「保育所保育指針解説」第 1 章 1（1）「保育所の役割」
【環境を通して行う保育】
　乳幼児期は、生活の中で興味や欲求に基づいて自ら周囲の環境に関わるという直接的な体験を通して、心身が大きく育っていく時期である。子どもは、身近な人やものなどあらゆる環境からの刺激を受け、経験の中で様々なことを感じたり、新たな気付きを得たりする。そして、充実感や満足感を味わうことで、好奇心や自分から関わろうとする意欲をもってより主体的に環境と関わるようになる。こうした日々の経験の積み重ねによって、健全な心身が育まれていく。
　したがって、保育所保育においては、子ども一人一人の状況や発達過程を踏まえて、計画的に保育の環境を整えたり構成したりしていくことが重要である。すなわち、環境を通して乳幼児期の子どもの健やかな育ちを支え促していくことに、保育所保育の特性があるといえる。

①子どもは、身近な環境と関わる直接的な体験を通して心身を大きく育んでいく

　子どもは、出生してからずっと外界の環境と自ら関わっています。はじめは、母親に抱っこされて人の温もりを感じる、外気浴をしたときに心地よい風が頬に当たるのを感じるなど、受け身による関わりが多くなりますが、成長するにつれて、自ら玩具などで遊ぶ、道路の隅に咲いた花をながめる、他児といざこざを起こすなど自ら環境に関わろうとするようになります。このように、子どもは身近な環境に存在する人やものなどと関わり直接的な体験をしていくことによって、身体の諸感覚を使って感じたり気づいたりしていくのです。この一つひとつの体験の積み重ねが、子どもの心身を育んでいくことにつながるとしています。

プラスワン

身体の諸感覚
子どもが自分の身体全体で感じるさまざまな感覚をいう。

②子どもは、主体的に環境に関わろうとする姿によって健全な心身が育まれていく

　子どもは、身近なさまざまな環境と関わることを繰り返し、多くのことを感じたり、気づいたりすることを積み重ねていきます。ときには、思うようにいかなかったり、予想もしなかった変化に出合ったりすることもあり、試行錯誤しながら環境と関わっていくことでしょう。そのような環境との関わりを十分に体験していくことを通して、子どもは充実感や満足感を味わうようになるのです。そうすると、今度は好奇心や意欲をもって、子ども自身が主体的な存在として環境に関わるようになります。主体的な存在として関わるということは、遊びに没頭する、繰り返し取り組む、失敗しても再挑戦するなど、さらに子どもの心身を豊かに育んでいくことにつながっていきます。

③保育の環境は、保育者が目の前の子どもに合わせて計画的に整えたり構成したりしていくものである

　このように保育の環境は、子どもの心身を育んでいくために重要なものであるため、保育者が目の前の子ども一人ひとりの発達過程やそのときの様子を踏まえて、体験してほしい、経験してほしいと思うことができるように計画的に保育の環境を整えたり構成したりしていくことが大切になります。したがって、保育者は人的環境としても重要なことはいうまでもないのですが、保育の環境をつくり出す大きな役割も担っていることになります。

　つまり「環境を通して行う保育を基本とする」とは、子どもは誰かから答えを直接教えてもらったり正しい道を敷いてもらうのではなく、自ら直接関わることのできる環境を通して感じたり気づいたりすることを積み重ね、自らの心身を育んでいくことが重要であるということを示しているといえます。そして、保育者は、子どもにどのように育ってほしいのか、どのような経験をしてほしいのかといった保育者としての願いを子どもの身近な保育の環境に映し出し、子どもがその子なりに体験していくことを保障する存在であることを示しているのです。

■2■　保育の環境とは

　では、その保育の環境には、どのようなものがあるのでしょうか。保育の環境の要素は大きく分けて3つあります。まず、保育者や子どもなどの人的環境、保育施設や遊具などの物的環境、そして自然・社会環境です（図表8-1）。

①人的環境

　人的環境とは子どもの身近な人々であり、具体的には保育者や子ども、保護者、地域の人々などがあげられます。保育の環境はどれも大切ですが、一番重要となるのは、「保育者」という人的環境といえるでしょう。

　保育者が愛情深く関わっていく、一緒に遊ぶ、一緒に考える、ときに励ます、その一つひとつが子どもとともに園生活を営む存在となることは、子どもが健全に成長していくための基盤となっていきます。

● 図表8 - 1　保育の環境の分類

人的環境

保育者・看護師・栄養士・調理師などの職員、子ども、地域の人々、送迎する保護者、実習生や職業体験等で来る学生など、保育のなかで関わる人々の環境

物的環境

園舎、保育室、机・椅子、おもちゃ棚、玩具・遊具など、身のまわりにある設定されたものの環境

自然・社会環境

草木・風・生き物・畑などの自然環境、図書館・公園などの公共施設、近隣住民や商店街などの社会的な環境

人的環境については、5コマ目を参照しましょう。

8コマ目

保育の環境の理解と構成

● 図表8 - 2　大縄跳びで遊んでいるときの保育者の関わりの例

A 保育者

・保育者が縄を回して一緒に遊ぶ。
・子どもたちに、わかりやすく元気な声で数を数える。
・子どもが縄に引っかかってしまったとき「惜しかったね、もっと足をあげるといいよ、次がんばろうね」と励まし、前向きな言葉かけをする。
・次に跳べたときには「そうそう、跳べたね、すごいね！」と褒めていく。

B 保育者

・保育者はそばにいるが一緒には遊ばない。
・声を出さず、だまって見ている。
・子どもが縄に引っかかってしまったとき「何で跳べないの。もっとがんばらないと」と叱る。
・次に跳べたときには、何も言わずに見ている。

　たとえば、園庭で幼児が大縄跳びで遊んでいる様子を思い浮かべてみましょう。図表8 - 2のA保育者とB保育者の子どもへの関わり方を見て、子どもが意欲をもって大縄跳びをがんばり楽しもうと思うのは、どちらの保育者でしょうか。

　やはり、皆さんは「A保育者」と答えるでしょう。同じ状況においても、保育者は、その関わり方一つで遊びの楽しさやおもしろさを左右してしまう重要な人的環境であることが理解できます。

　また、園生活において保育者との信頼関係が充実してくると、ともに生活する他児に興味・関心を広げていきます。その他児とは、気持ちのすれ違いなどからいざこざを起こすこともありますが、そこで人への思いやりやさまざまな考えがあることを学んでいくのです。したがって、この人的環境は、3つの環境のなかでも、子どもが健やかに成長するためには欠かせない重要なものなのです。

②物的環境

　物的環境とは、保育施設（保育室・ホール・園庭など）や遊具・玩具、保育室の棚やテーブル・椅子などの設定されているものすべてを指します。保育者は、保育者や子どもの動線に配慮して棚やテーブルを設定したり、子どもが玩具の出し入れをしやすいように棚の使い方を配慮したりするなど、常に生活しやすいように物的環境を整える工夫をしています。また、子ども自身では安全確保が十分にできないので、棚の転倒防止ができているか、玩具にひび割れはないか、園庭に尖った石やガラス破片などがないかなど、細やかな安全確認をしています。さらに、遊びを継続して楽しめるようにするためにものを配置したり、子どもの興味に合わせたコーナーづくりをすることも大切な物的環境の一つとなります。

③自然・社会環境

　自然・社会環境とは、子どもの身のまわりの自然環境（野菜を育てる畑、植え込み、飼育、近隣の公園など）および社会環境（交通、公共施設、地域とのふれあいなど）であり、保育施設だけでは経験できない貴重な体験ができる大切な環境です。近年は、子どもがこれらの環境と関わる機会が減少している傾向にあるため、保育者が意識して保育に取り入れていく必要があります。ただし、一人の保育者で実現できることではないので、保育所等の保育施設全体で取り組むことが重要です。職員同士の連携を密にしながら積極的に取り組むことが望まれます。

2　子どもの理解を踏まえた環境の構成および再構成

1　子どもの理解を踏まえた環境の構成

　保育の環境を構成するにあたっては、まず保育者が、子どもが健やかに育ってほしいという願いをもつことが大切です。また、その環境のなかで遊んだり生活したりする子どもを具体的にイメージして構成していくことも基本となります。子どもの年齢や発達状況、今楽しんでいる遊び、生活の様子などをより深く理解したうえで、環境を構成していくようにしていきましょう。

　一方で、保育の環境には、保育者では変えることのできないハード面もあり、「本当はここにトイレがあればいいのに」「保育室の形が変わっていて保育しづらい」と日々悩む保育者もいて、その現状を受け止めながら試行錯誤しています。

　つまり、保育の環境を構成するということは、それぞれの保育施設が抱える現状を受け止めながら、目の前の子どものために最善の環境を目指して構成していくということです。一筋縄ではいかないことが多いかもしれないからこそ、保育者がどれだけ子どもを理解しているか、またはしようとしているかということがより重要であり、その理解を環境に映し出していくことが求められるのです。そして、構成したら終わりではなく、子ど

●図表8-3　ある保育所の保育室の例（2歳児）

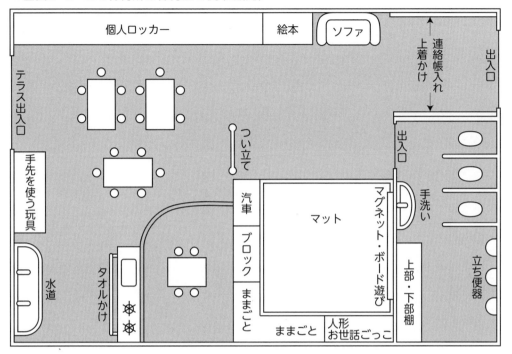

もの理解を深めていくなかで、よりよい環境となるためにさらに構成し直す努力をし続けていくことが大切です。

　ここでは、主に子どもたちが遊んだり生活したりする保育室と園庭をとりあげ、環境の構成についてどのようなことが大切なのか考えていきたいと思います。

①保育室

　保育室は、子どもが生活する中心的な場所です。子どもが気持ちよく過ごすことができ、使いやすい環境づくりが求められます（図表8-3）。

1）生活の環境構成

　保育室は1日の大半を過ごす場であるため、生活しやすい環境を構成していくことが重要です。たとえば、園庭から保育室に入る→上履きをはく→帽子を片づける→トイレに行く→手を洗う→食事の席に着くという場合、多くの子どもや保育者が動くので危険も予測されます。その危険を少しでも回避するために、子どもや保育者の動線を考慮していく必要があります。

　また、子ども個人の場所（ロッカー、靴箱、帽子入れなど）の環境整備も大切です。これらは毎日使用する場所なので、安全確認や個人シールが見えるように貼ってあるか（はがれていないか）などに配慮し、気持ちよく過ごすことができるような配慮をしていきましょう。

→静的な遊びとは、じっくりと取り組む静かな遊びのことで、ブロック遊び・ままごとなどがあげらる。環境としては、コーナーをつくって集中して楽しめるように配慮する必要がある。一方、動的な遊びとは、身体を動かす遊びのことで、体操や簡単なゲーム（ハンカチ落としなど）などがあげられる。比較的広いスペースを必要とするので、安全面に十分に配慮した環境が求められる。

預かり保育

→保護者の就労等の希望により、教育時間（園児全員が保育される時間）以外に預かる保育のこと。近年は、夏休み期間でも行う園が増えている。

2）遊びの環境構成

2歳児になると、保育室でさまざまな遊びを気の合う友だち数人と一緒に楽しめるようになる一方、気持ちのすれ違いなどによりぶつかり合いもたびたび起こります。そのため、遊びの環境構成はそれぞれの遊びをしっかり保障できるコーナーづくりが重要となります。また、身体機能も発達してくるので、体を動かせるスペースも大切になります。しかし、保育室において、**静的な遊びと動的な遊び***双方を確保することは難しい場合もあるため、その際は子どもと相談しながら柔軟にスペースを変化させて活用していくことが大切となります。

3）くつろげる環境構成

保育所はもちろんのこと、認定こども園や幼稚園でも**預かり保育***等によって、近年は長時間保育の傾向にあります。そのため、子どもが自分の体調の様子を感じとり、休憩したりくつろいだりすることも大切な保育の要素の一つとなります。保育施設では、保育室あるいは玄関ロビー、ホールなど、園の生活の様子に合わせて、くつろげる環境づくりをするようにしています。場所も、保育室の隅など、少し落ち着いた雰囲気をつくりやすい場所を選ぶとよいでしょう。

4）午睡環境

一般的に、低年齢児は一人ひとりの睡眠に対して細やかな対応を必要とするため、保育室で午睡をする傾向にあります。大きくなってからは、園の考え方や様子に合わせてホールや保育室など、さまざまな場所を工夫して午睡に使っているのが現状です。

午睡の際は落ち着いた雰囲気をつくり、電気は消してもカーテンなどで真っ暗にはせず、顔の様子が見られる明るさを確保することが大切です。また、保育者がきちんとそばについて定期的に様子を確認したり、トイレへ行くときに他児に迷惑がかからないように子どもが歩ける場所の確保を考慮したりする必要があります。

また、低年齢児の場合は、早く寝てしまう子ども、寝ている子どももいれば早く目覚める子どもなど、さまざまです。寝ている子どもの午睡の保障と目覚めた子どもが心地よく過ごす保障、双方が可能となるような環境の配慮も必要になってきます。

②園庭

園庭は、安全管理を行うことで、室内では味わうことのできない戸外の気持ちよさを安心して十分に味わうことができる場所となります。園庭の環境を整えることで全身を動かしたり、遊具や玩具をさまざまに使ったり、草花や虫たちと出合い関わることなどを楽しむことができ、子どもにとって魅力的な遊びが展開されていきます。一人ひとりの興味・関心に合わせた幅広い経験ができる場として、園庭を十分に活用することが望まれます。

1）全身を動かすことを楽しめる環境

室内ではどうしても動きを制限されてしまいがちですが、園庭では多くの子どもが思う存分に全身を動かして楽しむことができます。また、園庭では、戸外に比べ基本的な安全が保障されています。保育者も安心して一

緒に遊んだり見守ったりできることは園庭の長所の一つです。

　近年、園庭の小さな園や、園庭がないため近隣の公園で代替している園も増えてきています。そのような環境であっても全身を動かすことの楽しさを味わい、身体発達を促していけるよう、意識をもって工夫をしながら保育をしていくことも重要となっています。

２）遊具をさまざまに使うことを楽しめる環境

　園庭には、遊具や玩具がたくさんあります。はじめは、発達が未熟なため上手に使えないかもしれませんが、繰り返し使うことによって少しずつ使うことに慣れ、より滑らかに動かしながら使うコツをつかんでいきます。また、固定遊具のように皆で使って楽しむことが基本であるものもあれば、フープやボールのように一人ひとりが出したり片づけたりしながら楽しめるものもあります。遊具を使って遊ぶことで、友だちと一緒に使う喜びを味わったり、出したり片づけたりする習慣を身につけたり、ものを大事に使うことを覚えたりすることができます。

３）草花や虫と出合い関わることを楽しめる環境

　園庭には、樹木や草花、そして虫との出合いがたくさんあります。春には桜が咲き、風が吹くと花びらがきれいに散っていく様子を見ることができますし、朝顔の花が咲けば色水遊びに使うこともでき、ダンゴムシやアリ、トンボなどを追いかけつかめることを楽しめます。子どもは、そのような経験から自然と関わる楽しさを味わい、生命と出合いながらその尊さを感じていくのです。

　小さな子どもは思いのままに関わるので、ときに花びらをむしってし

●図表8-4　ある保育所の園庭

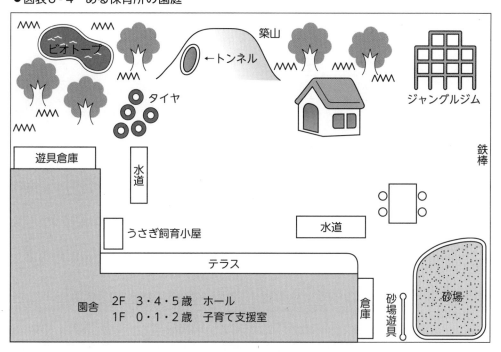

まったり虫をつぶして確かめてみたりするなど、残酷に思うような行為があるかもしれませんが、それが生命の尊さを感じる第一歩といえるでしょう。「いたいよ、って言ってるね」「そうっとつかむといいね」と保育者が言葉を添えながら、どのように関わることが望ましいのかを根気よく伝えていくことが大切です。図表8-4は、ある保育所の園庭の環境例です。

■2 子どもの理解を踏まえた環境の再構成

前項で述べたように、子どもの理解を踏まえて保育者が細やかに環境構成をしたとしても、すぐによりよい教育・保育が展開されることは、実際にはなかなかありません。それは、その段階で保育者が理解しているのは、今、この瞬間の子どもの理解ではなく、昨日あるいは最近の姿からの理解だからです。

保育者は、それまでの子どもの理解を踏まえた環境の構成を、ここにいるその瞬間の子どもに合わせて、「もっとこうしたほうが遊びが充実するかもしれない」「この道具の置き場所を変えたほうが、子どもが生活しやすいのではないか」など必要だと感じた場合には、さらに環境の再構成をしていくことが求められます。

たとえば、図表8-5の環境構成図を見てみましょう。5歳児クラスで紙粘土のペンダントの製作活動をしたとします。保育者は、子どもたちが自分で必要なものを、必要な分だけ自分で考えて選んで取りに行き、自分の席で作成することができるようにしたいと思い、以下のような環境構成の設定をしてみました。準備物のテーブルには、子ども全員が十分に選べ

● 図表8-5　紙粘土のペンダント製作の環境図（原案）

〈製作の準備物〉
紙粘土・粘土板・粘土用の道具（へらなど）・飾るもの（ビーズ・ドングリ・スパンコール）・クリップ・リボン・ハサミ（それぞれの道具箱から出して使用する）

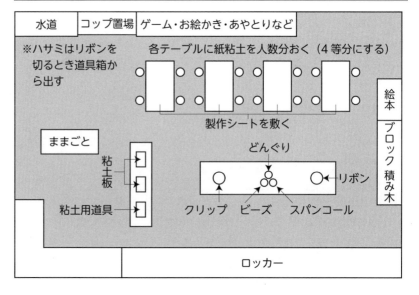

るように数を多めに用意し、準備物別に並べて何があるかわかりやすく配置しておくなどの工夫がなされています。

　しかし、実際に製作活動をしてみると、子どもが自由に必要なものを取りに行く際に子ども同士がぶつかってしまったり、ビーズやドングリなどの飾りの部品をゆっくり選ぶことができない状況になっていることがわかりました。このような状況になると子どもはイライラし、子ども同士のいざこざも起きてしまい、イメージをふくらませながら楽しくペンダントを製作することができなくなってしまいます。

　それに気づいた時点で保育者は、子どもの動きや様子を見ながら環境の再構成をしました（図表8-6）。具体的には、子どもの動線を考えて準備物の配置を変える、ビーズやドングリなどの飾りの部品をゆっくり選ぶことができるように、1か所にまとめて配置していたものを3か所に分けるなどです。このように環境を再構成したことで、子どもの動線が整理されたため、子ども同士がぶつかり合うこともなくなりました。また、ビーズやドングリなどもゆっくり選べるようになったので、子どもそれぞれが自分のイメージを実現できるような楽しい製作活動として展開できるようになりました。

　このように保育者は、今、目の前の子どもの動きや様子に合わせて、必要に応じた柔軟な姿勢でよりよい環境をつくるための再構成をして、充実した活動が展開されていくようにしていきます。

　今回取り上げた例のほかにも、道具や玩具の置き場所、発達に合わせた保育室の環境づくりなどもあり、保育者は子どもを取り巻く環境について、よりよいものとしていくための再構成をしていくことが求められています。

●図表8-6　紙粘土のペンダント製作の環境図（再構成版）

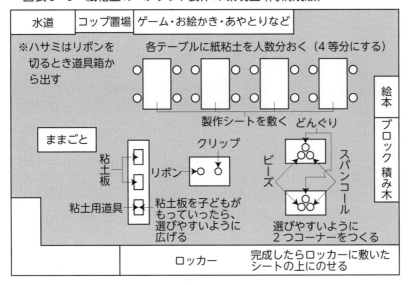

❶ 保育は「[　　]を通して行うもの」であることを基本とする。
❷ 保育の環境は [　　] 環境、[　　] 環境、自然・社会環境に分けられる。
❸ 保育における環境構成および再構成については [　　] を踏まえて行う。

演習課題

環境構成図を書いてみよう

①自宅で最も多くの時間を過ごすスペース（リビングや自分の部屋など）の環境構成図を
　以下の指示に従って書いてみましょう。
・直線は定規を使って書きます。
・出入り口や窓などもどのような位置にあるのか示しましょう。
・引き出しや棚には何が入っているのかについても、書き込みましょう。

②上記の課題を踏まえて、自分が日々過ごしている以下の生活の様子の動線を書き込んで
　みましょう。
・朝起きてから家を出発するまでの動線（赤色のペンで書き込みましょう）。
・家に帰ってから就寝するまでの動線（青色のペンで書き込みましょう）。

③①と②の課題を踏まえて、上記の環境構成の課題を明らかにして、より過ごしやすい環
　境構成に変更してみましょう。
・環境構成の課題として見えてきたことを書き出しましょう。

・課題を踏まえて環境構成図を変更して書いてみましょう。

環境の変化や移行

今日のポイント

1 環境の変化および移行は子どもの心の成長につながる。

2 子どもの園生活には多くの環境の変化と移行の場面がある。

3 環境の変化と移行の際には保育者の関わりや保護者への支援が重要である。

1 環境の変化や移行とは

1 環境の変化や移行とは

「保育における環境の変化や移行」とはどのようなことを指すのでしょうか。一つの事例を通して考えていきたいと思います。

プラスワン

「保育所保育指針」における環境の変化や移行

「保育所保育指針」第2章4（1）「保育全般に関わる配慮事項」エに子どもが入所する際に、保育者が留意すべき事項として環境の変化や移行について示されている。

事例 　新しい生活のはじまり　あやかちゃん（1歳8か月）

　2月にあやかちゃんは、4月から保育所の1歳児クラスに入所することが決定しました。入所面接では母親のひざに座ってかわいい笑顔を見せていたあやかちゃんでしたが、4月になって慣らし保育が始まり母親と一緒に登園すると、とてもかたい表情を見せるようになりました。家庭で母親と1対1で過ごす今までの生活から一転して、保育所での生活は、大きな保育室で、複数の保育者や多くの子どもと一緒に日中過ごします。あやかちゃんは、今まで見たことのない雰囲気や様子に保育者に抱っこされながら母親を見送るしかなく、どうしたらよいか戸惑い、不安を感じて保育者の服にしがみつきながら大きな声で泣いてしまいました。

　あやかちゃんはしばらく泣き続けていましたが、保育者に抱っこされて「そうだね、悲しいね。泣きたいよね」と、やさしく言葉をかけてもらい、気持ちを受け止めてもらうことによって、だんだん泣き声が小さくなってきました。しばらくするとまわりの様子を見たり、保育者の言葉かけに耳を傾けたりするようになりました。そのような毎日を積み重ねていくなかで、あやかちゃんは保育所の生活に慣れ、仕事に出かけていく母親を保育者に抱かれながら「バイバイ」と手を振って見送り、保育室でお気に入りの玩具で心地よく遊びはじめるようになりました。

●図表9-1　環境の変化と移行

環境の変化 人生の各段階で今まで の環境と異なる新しい 環境に出合うこと	移行 環境の変化に適応 するまでの過程	環境の適応 自らの環境として受 け入れ、主体的に生 活や遊びをすること

出典：清水益治・森俊之編集『子どもの理解と援助』中央法規出版、98頁をもとに作成

この事例のあやかちゃんにとって、4月に、家庭での生活から保育所の生活に変わったことが「環境の変化」です。そして、新しい保育所生活がはじまった大きな戸惑いと不安から保育者の服をぎゅっと強くつかんだり、大きな声で泣いたりする一つひとつの姿を保育者にていねいに受け止めてもらうことを経て少しずつ慣れていき、保育所の生活があやかちゃんの生活の場となり適応するまでの過程を「環境の移行」といいます。これらを整理すると図表9-1のようになります。

したがって、環境の変化とは、自らの身のまわりの環境に急激な変化が起こり、新たな世界に出合うことであり、それによって自らの世界を広げていく機会をもつことであるといえるでしょう。また、環境の移行とは、変化に慣れて、その環境を自らの環境として適応していく道のりです。その過程は決して簡単なことではありませんが、保育者がていねいに援助し支えていくことによって適応し、結果的には戸惑いや不安を乗り越え、子どもの心の成長にもつながっていきます。

2　環境の変化と移行の実際

子どもが出生してから就学するまで、実際にどのような環境の変化や移行があるでしょうか。ここでは、多くの子どもたちが出合うであろう環境の変化や移行の場面をとりあげて、具体的に考えてみたいと思います。

①就学前教育・保育施設（保育所・幼稚園・認定こども園）への入園

就学前については、その子どもの家庭状況にあわせた教育・保育施設を利用することになるので、共働き家庭のため3歳未満から保育所等に入園する子どももいれば、家庭での子育てを経て3歳になってから幼稚園に入園する子どももいます。つまり、ほとんどの子どもは、就学前に、家庭での生活から保育所等や幼稚園への入園という大きな環境の変化を経験することになるのです。

子どもにとっては、この「入園」という環境の変化が最も大きい変化といえるでしょう。出生してから、親や兄弟姉妹など基本的には家族とともにあった家庭での生活から、見知らぬ多くの保育者や子どもたちと園舎のなかでの集団生活へと変化するからです。先ほどの事例のあやかちゃんのように、入園したばかりの子どもは見たことのない環境に戸惑い、不安を感じ、大きなストレスを抱えることになるため、保育者はその子どもの気

「環境の変化」と「環境の移行」という言葉は似ているようで、実は異なっているのですね。

9
コマ目

環境の変化や移行

持ちを受け止めつつ、少しでも安心できるような言葉かけや関わりを最優先にしていき、子ども自らが生活する場として認識できるよう援助していくことが大切です。また、一人ひとりの新しい生活に慣れるまでの時間や過程は異なることを前提として、目の前の子どもに合わせてじっくりと寄り添っていきましょう。

②進級

日本では4月になると新しい年度となり、子どもたちは今までのクラスから一つ上のクラスへと進級をします。また、園の規模が大きい場合は、その際にクラス替えをするところもあります。

多くの子どもは、年度末となる2～3月ごろには、「一つ大きくなる」「一つ大きなお兄さんやお姉さんになる」ことへの大きな期待をもちつつも、どのような生活になるのかわからない不安も抱いて年度末の園生活を過ごしていることでしょう。

そして、4月になると、保育室や個人ロッカー、靴箱、胸につける名札など生活環境のすべてが新しい環境となります。子どもは、「一つ大きくなる」「一つ大きなお兄さんやお姉さんになる」という喜びで気持ちが高揚しつつも、慣れない新しい園生活に戸惑い、わからないことも生まれ不安に直面する場面もでてきます。

さらに、ともに生活する担当保育者が変わることが子どもにとって最も大きな変化です。そのため、担任保育者の決定については子どもを中心に考えていく必要性と、4月からは保育者同士が連携を取りながら、子どもの期待と不安に揺れ動く気持ちを十分に配慮し、慣れるまでの過程にていねいに寄り添っていくことが求められます。

また、クラス替えをする園では、いつも保育室で一緒に過ごす子どもたちも変わるため、仲間関係の変化に戸惑ったりして慣れるまでの時間にも影響があるかもしれません。保育者は、子ども一人ひとりの様子、子ども同士が関わる様子をよく観察して、必要とする具体的な援助を探り、安心してクラスに慣れていけるように関わっていくようにしましょう。

③転園

2017年4月に子ども・子育て支援新制度がはじまり、そのなかで地域型保育事業*が開始されました。この事業は、待機児童を解消することを目的とし、市町村による認可事業として、「児童福祉法」に位置づけられています。地域型保育事業は主に0～2歳児を対象としたもので、小規模保育事業、家庭的保育事業、事業所内保育事業、居宅訪問型保育事業の4つがあります。

ここで問題となっているのは、地域型保育事業を利用する場合、2歳児クラスから3歳クラスへの進級のために転園をしなければならないことです。やっと慣れた生活から再び新たな生活に慣れなければならず、子どもだけでなく保護者も大きなストレスを抱える状況になります。現在は、このような問題を解決しようと、定員20人以上の保育所等との連携をしていくよう配慮をする努力が求められています。

④就学に向けて

　保育者は、年長児が保育所等の「一番大きなお兄さんやお姉さん」として充実した 1 年間を過ごすことを中心に据えながら、少しずつ次の就学が滑らかにスタートできることを考慮して、教育・保育を行っていくことが求められます。そのために、保育所等と小学校ではさまざまな連携を実施しています。たとえば、小学校の校庭で遊んだり、小学校の行事に参加したり、実際に教室で机を前にして椅子に座ったり、短時間授業を受ける体験をしたり、高学年の小学生に世話をしてもらいながら給食体験をしたりします。

　さまざまな環境と関わりながら主体的に遊んだり生活をしたりする保育所等から、決まった時間割で多くの教科を勉強することが中心となる小学校に就学することは、子どもにとって大きな環境の変化です。連携することによって就学に対する不安を軽減して期待をもてるようにし、就学後の新しい生活に慣れていくことを目的としています。

　実際には、子どもが小学校に入学して（環境の変化）小学校生活に慣れていくこと（環境の移行）に、保育者は直接関わることはほとんどありません。しかし、日々成長を願って関わってきた目の前の子どもの就学という大きな環境の変化と移行を滑らかにし、小学校生活に期待をもって前向きに適応していくために、子どもとの関係性を築き上げてきた保育者だからこそできる援助の一つとしてとらえて、小学校との連携をていねいに実施していくことが求められます。

⑤家庭

　子どもの生活の基盤である家庭でも、環境の変化や移行が起きることがあります。その一つは、第 2 子となる弟や妹が誕生することです。今まで当たり前のように独占していた父親・母親を独占できなくなり、父親・母親が、前と変わらず自分のことを見てくれているのか不安になり、いわゆる「赤ちゃんがえり」などをすることもあります。

　もう一つは、両親の離婚や再婚などがあげられます。今までいたどちらか一方の親が一緒に生活できなくなったり、再婚をして家族が増えたりすること（ステップファミリー*）は、親自身だけでなく、子どもにとっても大きな環境変化といえます。そのほか、家の引っ越しや保護者の勤務先の変更などによって転園する場合も考えられます。

　保育所等は、家庭のプライバシーに深く関わることはしませんが、**子どもの最善の利益**を考えるときに、子どもを取り巻く環境の変化を理解したうえで、どのように園生活を過ごしていくかを考えていく必要はあります。そして、子どもの揺れ動く気持ちの変化を細やかに読み取って寄り添っていくことが何より大切な援助となっていきます。また、保護者と保育所等での様子や家庭での様子などの連絡を取り合い、連携をしていくようにしましょう。

就学前教育・保育施設と小学校との連携は、自治体の取り組みとして、地域の特徴にあわせてさまざまな取り組みが行われています。

9 コマ目　環境の変化や移行

✎ 重要語句

ステップファミリー

→夫と妻のどちらかあるいは双方に子どもがいる状態で再婚した家庭のこと。

🗨 プラスワン

子どもの最善の利益

1989 年に国際連合が採択し、日本においては 1994 年に批准した「児童の権利に関する条約」（通称：「子どもの権利条約」）の第 3 条第 1 項に定められている。児童の「生きる権利」「育つ権利」「守られる権利」「参加する権利」の 4 つの柱を基本とし、第 3 条第 1 項には「児童に関するすべての措置をとるに当たっては、公的若しくは私的な社会福祉施設、裁判所、行政当局又は立法機関のいずれによって行われるものであっても、児童の最善の利益が主として考慮されるものとする」と定められている。

2 環境の変化や移行からの適応まで

1 環境の変化と移行を経験していくことの意味

　このように、環境の変化や移行について学んでいくと、変化や移行は子どもにとって心身ともに負担のかかることであり、決して容易な道のりではないことが理解できます。そして、その状況を抱えている子どもに寄り添う保育者の関わりも、細やかな観察や配慮を必要とします。しかし、環境の変化と移行というものは子どもだけに限らず、人の一生において必ず起こってくるものです。そこで、子どもがこの環境の変化や移行から適応するに至るまでの経験が、子どもの成長にとってどのような意味をもつのかについて考えていきたいと思います。

①環境の変化による自らの危機

　環境の変化は、子どもにとってはこれまで経験がないことがほとんどであり、はじめての危機として直面することになります。子どもは、自分が今持ち合わせている能力だけではすぐに解決することができず、大きな戸惑いや不安を抱えて、どうしてよいのかわからない状態になります（図表9-2）。

●図表9-2　環境の変化や移行に適応するまでの道のり

環境の変化

危機状態に陥る

アタッチメントが形成された関係性のなかで起こる子どもの気持ちの揺れ動き

| 戸惑いや不安を感じて保護者や保育者のもとで気持ちを調整する | ⟷ | 新たな環境に興味・関心をもって、観察したり、関わってみようとする |

いろいろなことがわかり慣れてくる、
新たな発見をしたり、楽しいと感じることが増える

自ら生活する環境として受け止めて、主体的に生活するようになる
（環境の変化に適応するようになる）

環境への移行

②アタッチメントが形成された関係性のなかで起こる子どもの気持ちの揺れ動き

子どもは危機に直面したとき、アタッチメント*を形成している関係性のある保護者や保育者など、特定の人のもとで自分の感情を調整していきます。たとえば、保育所等に入園した子どもが、慣れ保育（慣らし保育）*で保護者と数時間離れて過ごす経験をすると、保護者が迎えに来るとすぐに駆け寄り離れようとしない姿がよく見られます。また、進級した子どもが、新しい保育室の生活でわからないことがあると、今の担任保育者ではなく、今までの担任保育者だった保育者に聞く姿も見られます。

子どもの感情の調整がなされてくると、子どもは今の担任保育者と話せるようになったり、泣きながらも今の担任保育者の顔をじっと見たり、近くにいる子どもの遊ぶ様子を見たりするなど、少しずつまわりの様子に興味・関心をもち観察しはじめます。しかし、戸惑いや不安な気持ちも継続しており、子どもの心的な動きは行きつ戻りつするのです。その気持ちの揺れを続けるなかで、徐々にその環境への興味・関心から関わろうとする行動に移っていきます。また、同時に、保育者との信頼関係も築かれていくようになります。

③いろいろなことがわかり慣れてくる、新たな発見をしたり楽しいと感じたりすることが増える

②の様子をしっかりと経ていくことで、子どもは徐々に今ある環境の様子がわかるようになり、慣れてきてさらに積極的に環境に関わっていくようになっていきます。そこでは、今までになかった発見をしたり、友だちとの遊びなどが楽しく感じられたりするようになります。保育者との信頼関係も確実なものとなり、安心して過ごすことができるようになります。

④自ら生活する環境として受け止めて、主体的に生活するようになる（環境の変化に適応するようになる）

子どもは、変化した環境を「自ら生活する環境」として受け止めて、その環境が当たり前のものとして位置づけるようになります。そして、その環境のなかで主体的な存在として、生活を営むようになるのです。つまり、これこそが「環境の変化に適応する」という状況といえるでしょう。子どもは、適応することで、危機を乗り越えることができたという自信につながっていきます。さらにこの自信が、次の自らの危機や環境の変化を乗り越えていく大きな力となっていくことでしょう。

以上のように、子どもは環境が変化したときにはさまざまな段階、長い道のりを経て、その環境に慣れていくように移行していき、結果的に適応していくのです。そして、その際には何より保護者や保育者の存在が大きく、目の前の子どもの内面の揺れ動きに対して細やかに寄り添い関わっていくことが重要となります。ときには、子どもの最善の利益のために、保育者と保護者が連携をとっていくことも大切となっていくことでしょう。

重要語句

アタッチメント

→「ある人物が特定の他者との間に結ぶ情緒的な絆」を指し、自分が何かしらの危機と接したり、危機を予測したときに生まれる不安・怖さ・恐れなどのネガティブな感情を、特定の他者に接近したり、接近した状態を維持することを通して調整しようとする欲求であり、実際に接近するという行動の傾向をいう。生後6か月〜2、3歳に形成するといわれ、子どもが自らの世界を広げていくための力といわれている。

9コマ目　環境の変化や移行

語句説明

慣れ保育（慣らし保育）

→「慣れ保育」とは、子どもが保育所等の保育施設での生活に少しずつ慣れていくことができるように保護者と一緒に保育室ですごす、保育者とすごす時間を少しずつ長くしていくなど配慮をしていくことを指す。以前は「慣らし保育」と呼んでいたが、子どもの主体性を尊重し「子どもが慣れる」という視点で「慣れ保育」という表現も出てきており、現在では「慣らし保育」「慣れ保育」の両方が使われている。

3　環境の変化や移行していくための保育者の援助

1　環境の変化と移行をしていくための保育者の関わり

　今まで述べてきたように、子どもが環境の変化に対し徐々に移行をしていく際には、目の前の子どもに合わせた保育者の適切な援助が大きな力となります。具体的には、どうしようもできずに大泣きしてしまう子どもには、少しでも落ち着くことができるように抱っこをして気持ちに寄り添い優しく言葉かけをする、黙ってまわりの様子をじっと見つめている子どもには、抱っこをしたまま何も言わずに見守ったり、見つめている先の様子を言葉にしていく、興味・関心をもった遊びをしようとしている子どもには、そばについて子どもがしたい遊びができるように見守ったり一緒に遊びながら会話をして楽しめるようにする、などがあげられます。

　これらは、子どもが何に戸惑い不安になっているのか、今何を感じているのか、どのように思っているのかなど、保育者が子どもの今、この瞬間の気持ちを理解しようとすることが基本となります。その細やかな子どもの理解によって、目の前の子どもがどのような援助を必要としているのかが明確にでき、適切な援助につながっていきます。

　また、保育者が援助をする際には、子どもの気持ちに先走りすることなく遅れることなく、タイミングよく関わることが大切となります。なぜならば、環境の変化も含め自らの危機に向かい合い移行していく過程は、子ども自らの成長につながっていくからです。保育者が子どもの行く先を先読みして、子どもが必要と感じる前に手を差しのべてしまったり、子どもが考える前に解決の方法を提示してしまったりすることは、子どもが環境の変化に向かい合い、考える機会を奪ってしまうことになります。また、保育者が子どもの気持ちを読み取ることをせずに、子どもが戸惑いや不安を抱え続けたままになってしまうと子どもは疲れ切ってしまい、環境の変化に向かい合うことすらできなくなってしまいます。したがって保育者は、子どもが何かしらを感じたり考えたりする時間を保障して、待つ姿勢を大切にしながらも、必要なときにタイミングよく言葉をかけたり、必要な関わりをしていくことを心にとめてほしいと思います。以上をまとめると、図表9-3のようになります。

2　環境の変化と移行をするための保護者の支援

　子どもの生活基盤は、家庭での生活にあります。子どもが安心でき、安定して生活を送るためには、家庭での生活が何よりも安心でき、安定したものであることが重要です。しかし、子どもが環境の変化に直面して戸惑い、不安な様子を見せたとき、保護者は自分のことのように重ね合わせて保護者自身も同じように戸惑い、不安になることも少なくありません。「自分の子どもは大丈夫だろうか」「親として自分の子どもをこのような状況にさせてしまってよいのか」など、保護者は複雑な思いを抱えてしまうこ

● 図表9-3　環境の変化や移行に対する保育者の関わり

今、この瞬間に子どもが感じたり思ったりしていることを読み取り理解すること

子どもに合わせてタイミングよく関わること

とが多いのではないでしょうか。さらには、子どもがそのような状況になったことは自分に責任があると、過剰に思い込んでしまう保護者もいるでしょう。

　保育者は、子どもの最善の利益を保障する立場であるため、子どもの生活基盤の家庭を支えること、つまり保護者を支えていくことも大きな役割の一つといえます。保育者は、子どもに環境の変化が起こっている際に、送迎する保護者との会話や保護者と子どもの様子、連絡帳の記述などから細やかに保護者の気持ちを読み取っていくことが大切です。そして保育者は、保護者の思いを傾聴してその思いに寄り添った言葉をかけたりていねいに助言したりして、保護者が少しでも安心して前向きな思いになるように支援していきましょう。

　また保護者に助言する際には、保育者は「～してください」「親なんだから～くらいはしないとね」といったいわゆる指示や命令ではなく、「この場合には、～のようにするのもいいし、～のような方法もありますね」とさまざまな切り口で方法を伝えていき、保護者自身で自分に合った方法を選択できるようにしたり、「家族で話し合って決めていくといいですよ」などと、一人で抱えこまないような伝え方を心がけます。

　子どもが環境の変化と移行に向き合う長い道のりは、保育者と保護者が連携をしていくことで、よりていねいな援助が可能となっていきます。そして、子どもがその環境の変化や移行を経て環境に適応し、主体的に意欲をもって生活したり遊んだりする姿を見て、保護者も同じように乗り越え、親として成長し自信につながっていくことでしょう。このように、保護者と保育者が、互いに「子どもを一緒に育てていく」あるいは「子どもの成長をともに喜び合う」といった子どもを中心においた子育てのパートナーとしての関係性をもつことが、何より重要であることを心にとめてほしいと思います。

子どもを大切にする保護者の立場になって、必要な援助を考えることが大切なのですね。

❶ 環境の変化および移行は子どもの ［　　　］ につながる。

❷ 子どもの園生活には ［　　　］ 環境の変化と移行の場面がある。

❸ 環境の変化と移行の際には保育者の関わりや ［　　　］ への支援が重要である。

//

演習課題

自らの環境の変化や移行に関する経験をまとめよう

①自分が今まで歩んできた人生のなかで、環境の変化や移行について印象に残っている場面を一つ取り上げて、できるだけくわしく思い出してみましょう。

・印象に残っている環境の変化

[   ]

・環境の変化や移行のときに感じたり思ったりしていたこと

[   ]

・周囲の人々（保護者、保育者、先生、友だち、知り合いの人、偶然出会った人など）が
　支えてくれた具体的な行動や言葉かけ

[   ]

・環境の変化や移行を経て、適応した状態になったときの自分の姿や様子、そのときの思い

[   ]

②課題①の内容をグループで話し合い、それぞれの内容についての共通点をまとめてみましょう。

[   ]

事例について話し合おう

以下の事例を読んで、①、②について考えてみましょう。

事例 「私は仕事をしていいのでしょうか」

　りこちゃんの慣らし保育が終わり、母親が仕事に復帰して1週間。食後にりこちゃんが発熱したため、保育者は第一連絡先である母親に連絡をしました。母親は、1時間ほどしてとても心配そうな様子で迎えに来ました。目には涙があふれていました。保育者はその姿に気づき、「お母さん、どうかしましたか?」とやさしく言葉をかけました。すると母親は、「私は子育てをしながら仕事を続けることが幸せだと思い、この保育所に子どもを入園させました。でも、結果的に私は思うように仕事ができず、りこにもこうして苦しい思いをさせているんですよね、りこに申し訳ない気持ちでいっぱいなんです」と話しました。

①あなたが保育者だとしたら、母親にどのような言葉かけや関わりをしますか。

②①のような言葉かけや関わりをする、保育者としての根拠について具体的に書きましょう。

第3章

||||||||||||||||||||||||||||||||||||||||||||||||||||||||||||||||||||

子どもを
理解する方法

この章では、子ども理解のための具体的な方法や技術について学んでいきます。

子どもを理解するためには、観察や記録、自らの保育に対する省察や評価が不可欠です。

また、同僚や保護者とのコミュニケーションについては、

実際に保育者になってから悩む人も多いでしょう。

コミュニケーションの技術を知っておくことは、

実際に困ったときにきっと力となってくれることでしょう。

子どもを理解するための観察・記録・省察・評価

今日のポイント

1 保育における観察・記録・省察・評価は子どもを理解するための具体的な方法である。

2 保育における観察・記録・省察・評価では、子どもを理解しようとする保育者の姿勢が大切である。

3 子どもの理解を積み重ねる保育者としての営みは、保育者としての専門性の向上につながる。

1 保育における観察・記録・省察・評価の位置づけ

　子どもは、就学前教育・保育施設において、1日のなかで最も活発な時間帯を過ごしています。また、長時間保育となる子どもは、さらに毎日の大半の時間を保育所等で生活していることになります。保育者は、そのような状況にある子どもに対して、その一人ひとりの子どもの最善の利益を考慮し、「心身が健やかに育ってほしい」「粘り強く挑戦できる力を身につけてほしい」などといった願いをもって子どもと関わっていきます。その願いを実現していくための第一歩として、保育者は「今ここにいる子どもの姿をていねいにとらえていく」ことが大切になります。保育におけるこの具体的な方法が、子どもを理解するための観察・記録・省察・評価となります。これは保育者の専門性の一つであり、日々の保育でていねいに実施していくことが求められます。

2 子どもを理解するための観察

1 保育における観察とは

　「観察」とは、「物事の状態や変化を客観的に注意深く見ること」であり、観察することによって知りたい物事の情報収集ができます。研究方法としても一般的で、心理学における代表的な研究法にも観察があり、意図的に条件を統制して対象の行動を観察する「実験観察」と、対象の自然な状態のままの行動を観察する「自然観察」に大別されます。

　保育における観察は、保育者や保育学生（実習生など）が、園生活をしている子どものありのままを観察することになるので、「自然観察」とな

観察にも、さまざまな方法があるんですね。

● 図表10 - 1　観察の種類

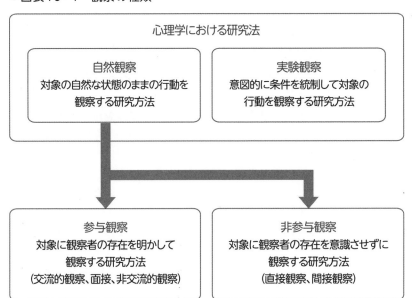

出典：中澤潤・大野木裕明・南博文編『観察法』北大路書房、1997年、5頁をもとに作成

ります。「自然観察」のなかには、保育者や保育学生（実習生など）が子どもと園生活をともにし直接関わりながら観察していく「参与観察」、子どもと直接関わらず、研究や観察実習などで子どもや保育者の遊びや生活の様子を一歩離れた立場で観察していく「非参与観察」があります。どちらも保育を学ぶためには大切なものであり、自分の保育のなかでの立場や学びたいことに合わせて活用し、保育者としての専門性を高めていくことが望まれます。以上をまとめると、図表10 - 1のようになります。

2　「保育者としての目」の重要性

　では、子どもを理解するための観察について考えましょう。たとえば、事例のふみやくんについて考えてみましょう。

事例　シャベルを使って　ふみやくん（1歳児）

　ふみやくんは園庭の砂場でしゃがみこみ、右手に青いシャベルをもって砂をすくい、左手にもった型抜きに砂を入れようとしています。保育者は、ふみやくんの隣に座り、その様子を見守りながら保育者に型抜きのリクエストをする他児と型抜きをして一緒に楽しんでいます。ふみやくんはシャベルがまだ上手に使えず、砂をすくおうとしても少量しかすくえません。また、すくった砂もシャベルから型抜きに移し替えようとするとこぼれてしまい、結局型抜きにはほんの少ししか入りません。それでもふみやくんは、真剣な表情で何度も繰り返しシャベルで砂をすくって型抜きに一生懸命入れています。保育者は言葉をかけずに、そのまま他児に関わっています。

10コマ目　子どもを理解するための観察・記録・省察・評価

この事例は、観察者が目で見える部分を事例記録として記しています。これだけを読んで、皆さんはふみやくんについてどのように思うでしょうか。ふみやくんが砂場で遊んでいること、まだ身体発達が未熟で道具を上手に扱うことが難しいこと、シャベルでやっと少量すくえた砂をこぼしさらに少量になりながらも、一人で真剣に型抜きに入れようと繰り返していたことなどがわかるでしょう。

　しかし、保育においては、これらのような目に見えることを記録しただけで子どもの姿をとらえたことにはなりません。ふみやくんは、なぜ砂遊びをしているのか、なぜ上手に扱うことができないのにシャベルを使い続けているのか、なぜ一人で真剣に型抜きに砂を入れようと繰り返していたのかなど、ふみやくんの目に見えない心の動きや揺れを読み取り、理解しようとする姿勢が本当のふみやくんの姿をとらえることにつながるのです。つまり、ふみやくんの目に見える部分と、目に見えない部分の双方をていねいにとらえていく「保育者としての目」が必要となります。その「保育者としての目」でとらえた子どもの姿というのは、以下のように考えられます。

・ふみやくんは、砂で遊んだ経験から砂の感触が心地よく感じられるようになり、砂場に座ることも心地よく楽しく感じている。
・ふみやくんは、自分の手でシャベルや型抜きの道具そのものを使うことが楽しいと思っている。だから、上手に使えないことはふみやくんにとってはあまり大きな問題ではないのかもしれない。
・ふみやくんにとっては、ぎこちないながらも自らもったシャベルですくって砂を型抜きに入れるという行為そのものが楽しいので、結果的に砂が少量であったとしてもそれについて関心はないのではないか。

⬇

ふみやくんは、砂の感触を十分に楽しみながら、今まで使えなかった道具を使うことそのものも楽しみ、さらにその道具を自ら動かして砂をシャベルから型抜きに移し替える行為そのものも楽しめている。だから、ふみやくんは真剣な表情で没頭して繰り返し楽しむ遊びになったのではないか。

　では、この事例に登場している保育者についても考えてみましょう。この保育者は、ふみやくんの隣にいながらも一度も関わらず見守っています。目で見える部分でいえば、この保育者はふみやくんには何もしていません。

　しかし、目に見えない保育者の心の動きや揺れはどうでしょうか。きっと、ふみやくんの姿を隣で見ながら、ぎこちないながらも道具を使うようになった姿を喜び、応援しながらも、せっかくシャベルですくった砂がこぼれてしまうことにハラハラし、少し残念に思っていたかもしれません。

　このように考えると、保育における観察とは、観察者が観察する対象と

なる子どもを、目で見える部分と目で見えない部分の双方をまるごととらえていく「保育者としての目」が大切だということが理解できるでしょう。そして、この観察者が、子どものまるごとの姿をとらえることはもちろんのこと、自らの保育者としての姿もまるごととらえていくことが重要であり、それが「本当の子どもの姿を理解をするための観察」となるのです。

子どもを理解するための記録

1　保育における記録とは

　記録とは、「将来のために物事を書き記しておくこと」であり、現代においては書くだけでなく、録音や写真・映像なども含まれます。さまざまな記録がありますが、保育者は日々の保育については書き記すことによる記録を中心に行っていることが多く、大変に思うこともあるのではないでしょうか。

　では、保育における記録の必要性について考えてみましょう。日々の保育において保育者は、目の前の子どもたちのよりよい成長を保障していくために、一生懸命子どもたちと関わっています。「○○ちゃんが今日はこんなことして楽しんでいた」「○○ちゃんは今までしなかった鉄棒にチャレンジしていた」など、覚えておきたい子どもの成長や出来事があっても、目の前の保育のために通り過ぎてしまいがちです。保育者が冷静になってその日の保育について考えるのは、子どもが昼寝をしている時間であったり、保育を終えて保育室を整理したり、園を退勤した後のことがほとんどなのではないでしょうか。

　そこで、保育における記録が大切になってきます。保育者が保育の記録を書く過程のなかで、自らの保育を振り返ることができるからです。「あのとき、○○ちゃんはどんなふうに感じていたんだろう」「あのタイミングで言葉をかけてよかったのか？」など思いをめぐらせながら、そのときの行動や感情に真正面から向き合うことができます。そして、じっくり向き合ったあとには、「明日は、こうした環境をつくってみよう」「今度、同じ場面があったら少し待ってみよう」など、次の保育につながるのです。

　さらに記録に残しておけば、クラスの保育者、園の保育者以外の職員、研修などを通して多くの人々と保育資料のかたちで共有し、考え合うことができるようになります。保育に携わる多くの人の考えを聞くことによって、自分では考えもしなかった子どもに対する考え方や保育の方法などに出合うこともできます。

　このように、保育における記録とは、自らの保育をさまざまな形で振り返ることができるものであり、記録を積み重ねていくことによって、保育の専門性の向上にもつながっていくものです。「保育や子どもを思う大切な時間」として記録する時間をつくるようにしましょう。

2 子どもを理解するための記録

　保育においては、子どもの理解をするためにさまざまな記録方法があります。ここでは、日々の保育のなかで活用されている方法をいくつか説明します。

①事実を収集する記録

　事実を収集する記録は、子ども一人ひとりというよりも、年齢による発達特徴など子どもの全体像を理解していくために活用されるもので、実習生が子どもを理解する第一歩として活用できる記録です。理解したい内容やねらいに沿った視点で、複数の事実を記録していきます。たとえば、「2歳児は手洗いをどれくらいできているのかについて知りたい」というねらいがあった場合、複数の子どもの手洗いの様子を観察して、どのように洗っているのかを記録していきます。この複数の事実から共通することを見出して、次の保育の際にどのようなことを意識して子どもたちと関わっていくことが望ましいのかを明らかにしていくのです（図表 10 - 2）。

②エピソード記録

　エピソード記録とは、保育をするなかで心に残ったエピソードを記録していく方法で、観察者が目に見える事実を踏まえながら、そのエピソードに登場する子どもや保育者の内面の動きや揺れについてていねいにとらえていくことができるため、子どもを理解するための記録としてとても活用しやすい記録です。事実を記録する際には、子どものささやかな手や視線などの動きが子どもの内面の変化と結びつくことも多いため、事実を細やかに記していくことが大切です。また、事実で示したことについて、「なぜ～と言ったのか」「どうしてここで～したのか」など、「なぜ」「どうして」と一つひとつの事実と向き合いながら考えることも大切です。子どもに思いをめぐらせながら記録していくことは、子どもを理解する糸口を

●図表 10 - 2　事実を収集する記録

> 2歳児は手洗いをどのようにしていて、どのように援助すべきかについて知りたい

子どもの姿をとらえる（事実を収集する）
・Aちゃんは、時間をかけて意欲をもって洗うが、泡が落ちていないところがあった。
・Bくんは、洗いはじめると遊びだしてなかなか終わらない。
・Cくんは、自分でやりたがり、保育者の援助は拒否するが、指先の汚れが残っている。

共通した事項について整理する
・手洗いを自分でしようとするが、十分にできない部分もある。
・水を使う気持ちよさで遊びになってしまう子どももいる。

今後の子どもとの関わり方を考える
・近くで見守りながら、汚れが落ちていないなど言葉をかけたり、さり気なく援助してみる。
・遊んでしまう子どもには、次の見通しある言葉かけをしながら、切り上げられるようにしてみる。

実践

発見することにつながっていきます。また、エピソード記録をするにあたっては、何より読み手がイメージしやすいような表現や文章の整理をしていくことを意識していきましょう。図表10‑3にエピソード記録の例を掲載します。

③環境図による記録

　環境図による記録は、子ども一人ひとりがどのような環境を活用して遊びを展開しているのかを、全体の遊びを俯瞰*することによって理解したいときに活用するものです。複数の子どもと関わって遊んだり、同じ場所で一定時間遊んだりし、その遊びを展開させていくことを楽しめるように

✎語句説明

俯瞰

→広い視野で物事を見ること。ここでは、子どもそれぞれが楽しむ遊びの全体の様子をとらえていくことを指している。

10コマ目 子どもを理解するための観察・記録・省察・評価

●図表10‑3　エピソード記録の例

> **ピカピカってきれいだね　りかちゃん（3歳児・女児）**
> 〈エピソード〉
> 　りかちゃんは、10月に途中入園し、だいぶ園に慣れてきたものの集会行事に不安になることが多い。冬のお楽しみ会が近くなり、オーナメントをつくったりライトがピカピカ光る飾りを見たりして「きれい！」と喜び、とても楽しみにしていた。一方で、集会の当日、りかちゃんは「ホール行くの？」とたびたび保育者に心配そうに質問する。保育者は「ホールにきれいなツリーもあるから、先生と手をつないでのぞいてみる？」とりかちゃんに聞くと、しばらく考えたあと「うん」と小さな声で答えた。ホールに行く時間になると、りかちゃんは保育者の手をぎゅっと強く握りしめ、保育者の体に自分の体を寄せながらホールの前まで来て、手を握りしめたまま集会を出入り口からのぞくように見ていた。そのうち、「ピカピカってきれいだね」とホールのツリーを指さして保育者に伝えてきたり、一緒に歌を口ずさんだりしていた。
> 〈考察〉
> 　りかちゃんが集会に対して不安を抱いているのは、大勢の子どもたちが大きなホールに集まるという様子を見たり、自分がそのなかに入り何かをする経験がなかったためと思われる。
> 　りかちゃんが保育所に慣れてきて、大きなツリーにとても喜び、オーナメントをつくったりする姿があったことから、保育者はりかちゃんなりに無理なく集会を楽しめるとよいと思い、りかちゃんの不安を減らすために手をつなぐという方法を提案したのではないかと推測する。
> 　りかちゃんは、信頼する保育者の提案を受け入れしっかり手をつなぐことで、今まで見ることもできなかった集会をドキドキしながらも出入り口という場所ではじめて見ることができた。保育者は、りかちゃんの手が自分の手を固く握りしめていることから無理にホールのなかに入ることはせず、雰囲気を楽しめることを大切にしたのだろう。りかちゃんは、大好きなツリーを見たり歌をうたうなどして、出入り口という場で集会を楽しむことができたのではないかと思う。
> 　このように、子どもは新しい経験に不安を感じたりもするが、保育者が子どもの気持ちを読み取り受け止めながら柔軟な関わりをすることによって、子どもが新しい世界を経験することにもつながると理解できた。そのためにも、子どもの気持ちをていねいに読み取ることを細やかにしていかなければならないことを学んだ。

- エピソードは、事実をできるだけ具体的に記す
- 子どものささやかな表情やしぐさを大切に記す
- 考察を進めるための子どものそれまでの姿を記す
- 保育者の子どもへの思いやそこから見えた行動と結びつける
- 保育者と子どもの心の揺れや結びつきから考察を深めていく
- まとめとして、このエピソードから見えた保育で大切にすべきことや子どもの育ちを記す

● 図表10-4　環境図を使った記録（園庭5歳児）

ひまわり組　環境図記録
5月20日（水）　在籍21人（男児14人、女児7人）
　　　　　　　　出席18人（欠席者　L美、G男、M太）

J美、K子、N絵
0歳児がテラスに出て遊ぶ姿を見つけた幼児クラスの女児が、お世話をしたくてそこに行き、一緒に遊んであげようとする。0歳児も喜んで遊んでいた。

F太、H悟
今日もまず虫探しをする2人。バケツをもってだんご虫やチョウの幼虫などを探す。保育者にも見せにきて、保育室で飼育することを相談してきた。

J美、K子、N絵、O太、P夫、Qニ
はじめは男児3人で山をつくり、穴を掘っていたが、その隣に大きな池をつくりはじめたことから女児も参加し、掘る役割、水をもってくる役割など、役割を決めて、互いに声をかけながら一緒につくる遊びをしていた。

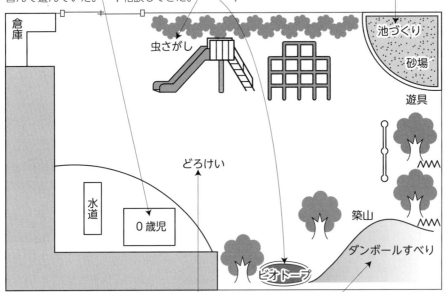

R子、S夫、T男、U太、W子、Y美と4歳児数名
S夫は庭に出るとラインカーを出してどろけいの準備をし、やりたい友だちを集めてどろけいを始める。はじめは6人だったが、4歳児も入れてあげて繰り返し楽しんでいた。ルールについて、いざこざにもなるが、解決しようとしたり、保育者を呼び話し合うなどしていた。

A太、B樹、C郎、D夫
昨日保育者が設定して楽しんだ段ボールすべりをしようと、庭に出るとすぐ自分たちで段ボールを並べて遊ぶ。段ボールの並べ方を工夫したり、すべり方をさまざまにして楽しむ。

〈明日の保育に向けて〉
　自らしたい遊びに必要な道具やものを用意して、実現しようとする姿が見られることが理解できた。この意欲を、充実した経験につなげていくためには、子ども自ら準備できる環境を整え、十分に遊ぶことのできる時間の確保についても十分に考慮していく。また、遊びが発展するなかで、保育者はより楽しめる援助をしていく。

なる、3歳以上児クラスの子どもを理解したいときに活用しやすい記録です。

　日誌などの紙面にあらかじめ保育室や園庭の図を中心に描いておき、図表10-4のように、誰が誰とどこでどのような遊びをしていたのかを書き込んでいくようにします。そして、両脇には明日の保育につなげていくための環境づくりや保育者の関わりや思いなどを書き込み、保育準備等の参考にしていきます。

　クラスの子どもの遊びを網羅して把握できることから、次の指導計画を作成する際にも活用できます。時間はかかるかもしれませんが、週1回でも積み重ねていくことによって、子どもの新たな発見につながっていくことでしょう。

4　子どもを理解するための省察

1　保育における省察とは

　省察とは、「自分自身をかえりみて、そのよしあしを考えること」であり、保育実践とは切り離すことのできない、子どもを理解するための大切な過程です。なぜなら、保育は子どもへの願いを込めて保育者が計画したうえで実践されますが、その実践のなかで、目の前の子どもがどのようなことを思ったり感じたり、結果的にどのような経験をすることができたのか、次の活動で大切にすべきことは何かなどを、子どもを中心に置きながら思いをめぐらせていくことが次の保育の具体的な再計画につながるからです。つまり、実践のうえに次の実践を積み重ねていくことが大切なのです。

　このように、保育における省察においては、自らの保育実践についてどれだけ子どもまるごとの存在に心を寄せて思いをめぐらせていけるか、その思いをどれだけ次の保育に生かしつなげていくかということが重要であるといえます。

2　保育者と子どもの関係性を踏まえた省察の重要性

　ここでは、よりていねいに省察をしていくために理解すべき保育者と子どもの関係性について考えてみましょう。

　保育は、保育者と子どもがともに生活し、同じ空間（場所）を共有するなかで展開されます。空間を共有するなかで、子どもはともにいる大人を「私のことを見ていてくれる○○先生」と感じるようになり、かけがえのない関係性になっていきます。そのような関係性になるためには、保育者が子どもの気持ちの変化や揺れに合わせて寄り添える柔軟な心をもち、共感し関わっていくことが重要となります。

　具体的には、子どもが「こうしたい」と思ったり何かを感じたりした瞬間をとらえ、「すてきな考えだね」「自分もそう思うよ」などと子どもの心に寄り添い肯定的に関わったり、「どうしたらいいかな」と一緒に考えな

●図表10-5　保育者と子どもの関係性

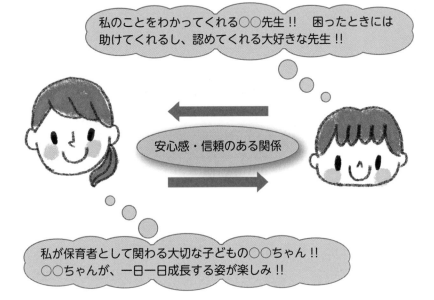

私のことをわかってくれる○○先生 !!　困ったときには助けてくれるし、認めてくれる大好きな先生 !!

安心感・信頼のある関係

私が保育者として関わる大切な子どもの○○ちゃん !!　○○ちゃんが、一日一日成長する姿が楽しみ !!

がらていねいに根気よく関わっていくことなどがあげられます。そして子どもは、そのように寄り添ってくれる保育者がいることによって安心感や信頼を得て考えたり試行錯誤したりする意欲をもって、遊んだり生活したりするようになるのです。

　つまり、保育者と子どもは、毎日の保育のなかで積み重ねた安心感や信頼のある関係性があり、そのもとで保育におけるさまざまな出来事ややりとりなどが展開されていることを踏まえて省察していくことが重要となります（図表10-5）。

3　子どもを理解するための省察とは

　前述したような保育者と子どもの関係性を踏まえて、保育における省察は、保育のなかで起きた出来事の経過にあった子どもや保育者の言葉や行動などの一つひとつに対して、「なぜ、あのときにあのようなことを言ったのか？」「どうしてあのタイミングで行動を起こしたのか？」など、「なぜ？」「どうして？」と繰り返していねいに考えていくことが大切となります（図表10-6）。そうしていくことによって、そのときには思いもよらなかった子どもの思いや感情に気づいたり、保育者の保育の意図が理解できたりすることにつながるからです。また、ほかの保育者に聞いてみると、異なる考えを聞くこともでき、新たな発見にもつながります。

　しかしこの省察は、保育者自身にとってよいことばかりではありません。「あのとき、異なる言葉かけをしたほうがよかったのかも」「強く言いすぎてしまった」など、自らの保育に対してよくなかったという思いを抱くこともあります。その際には、「今度は～しよう」「明日は～な言葉かけをしよう」といった前向きな考えをもち、次の保育につなげていくことが大切

●図表10-6　保育における省察をする保育者

どうしてあのタイミングで行動を起こしたのか？

××先生だったら、あの場面でどのような言葉かけをしただろうか？

なぜ、あのときにあのようなことを言ったのか？

10コマ目

子どもを理解するための観察・記録・省察・評価

です。

　自らの保育をていねいに省察していくことは、今日の保育より明日の保育をよりよくしていくための具体的な方法であり、さらに、この日々の積み重ねを行うことによって「一歩前進した保育者」となることができ、保育者の専門性を高めていくことにつながっていくのです。

5　子どもを理解するための評価

1　保育における評価とは

　「評価」という言葉はさまざまな意味をもちますが、ここでは「ある事物や人物について、その意義・価値を認めること」と定義し、保育における評価とは、「自らの保育が子どものどのような育ちにつながったのか」「どのようなことを学んだのか」などを適切にとらえ、保育者の専門性の向上および保育の質の向上につなげていくものといえます。

　2017（平成29）年に告示改定された「保育所保育指針」では、「保育の計画及び評価」の項目が第1章の「総則」に位置づけられました。これは、「幼稚園教育要領」「幼保連携型認定こども園教育・保育要領」と同じ位置づけにすることで就学前教育・保育施設の間で整合性をとったことと、「総則」に置くことにより、重要な事項になったことを示しています。そして、「保育所保育指針」においては、保育者等の自己評価と保育所の自己評価の2つの視点を示しており、「幼稚園教育要領」「幼保連携型認定こども園教育・保育要領」においては、「指導の過程についての評価を適

切に行い、常に指導計画の改善を図るものとする」と示されています。

　保育の評価で大切なことは、保育に携わる者一人ひとりが、子どもたちや保護者、地域の住民に向けて誠実に自己評価を行い、その評価結果を公表し、その結果を誠実に受け止め、子どもたちや保護者、地域の住民のために必要な具体的な改善策を提示して実践していくことです。子ども・保護者・地域の人たちがいてこその保育者であり、保育施設であるという真摯な思いを忘れずに保育に携わってほしいと思います。

２ 子どもを理解するための評価とは

　保育者は、評価と子どもの理解がどのようにつながっていくのかということを理解していく必要があります。このコマにおいて、子どもを理解するための観察・記録・省察・評価それぞれについて解説してきましたが、これらが相互につながってこそ、保育者の専門性が発揮されるということです（図表10 - 7）。

　子ども理解は、保育者が目の前の子どもを常に愛おしく思い、理解したい、関わりたいと思う気持ちからはじまります。保育者が、その子どもに思いを寄せながら、子どもまるごとの姿を観察し、観察したことを記録に留め、さらに省察をして評価にまとめていきます。この経過をたどるなかで子どもの気持ちに寄り添い、保育者としての思いをめぐらせながら、子どもを理解していきます。そして、その積み重ねが子ども理解を深めていくことになります。

　また、定期的に評価を行うことは、子どもや保護者、地域の住民に求められている保育者としての専門性を再確認する機会となります。これが、さらなる子ども理解の基盤へとつながっていきます。

●図表10 - 7　子どもの理解と観察・記録・省察・評価の関係

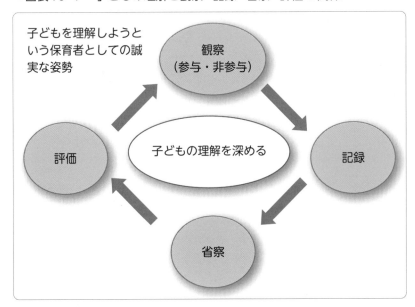

6　子ども理解をし続けることの重要性

　保育者が子どもを理解しようとする営みにゴールはなく、保育者である以上ずっと続いていきます。さらにその営みは、これが正解でこれが不正解、といった明快な答えもありません。なぜなら、保育者となる皆さんの目の前にいるＡちゃん、Ｂちゃんは、世界に一人しかいないＡちゃん、Ｂちゃんであり、皆さん自身も世界に一人しかいないあなたという保育者だからです。つまり、子どもと保育者の関係性とは、互いに世界にたった一組ずつしかないのです。さらにいえば、保育者という仕事は、子どもたちが卒園後のそれぞれの人生を豊かに送ることができているかどうかという、自らの保育の結果についてすべて見届けていくことが難しい仕事であるため、それぞれの正解・不正解を導き出すことは厳密にいえばできません。また、何をもって正解とするのかも難しいのです。

　だからこそ保育者は、ここにいる目の前の子どもを理解し、その理解を深めていくことが大切で、そのためには観察→記録→省察→評価のサイクルを日々の実践のなかで着実に積み重ねていくことが必要になります。このことが「子どもを理解し続けること」を意味します。それは根気強く努力し続けることが必要となるため、とても大変なことです。しかし、積み重ねていけば必ず子どもを理解し、そのすばらしい力を発見しながら成長に寄り添い、保育者自身もともに成長し合えるような関係性を築くことができるでしょう。

おさらいテスト

❶ 保育における観察・記録・省察・評価は、子どもを理解するための［　　］な方法である。

❷ 保育における観察・記録・省察・評価では、子どもを理解しようとする［　　］が大切である。

❸ 子どもの理解を積み重ねる保育者としての営みは、保育者としての［　　］の向上につながる。

10 コマ目　子どもを理解するための観察・記録・省察・評価

エピソード記録を書いてみよう

①子どもが集まる場所（教育・保育施設、子育て支援広場、テーマパークなど）に出かけて子どもを観察し、エピソード記録を書いてみましょう。

②①で記録したものから、省察をして記録としてまとめてみましょう。

③①と②で行った記録を友だち同士で交換して、実際に読んでもらい、読み手にわかりやすい記録となっているか、添削してもらいましょう。

演習課題 ✎

環境図を書いてみよう

- -

　保育所等や幼稚園の教育・保育施設に行き、子どもが活動している様子を130頁を参考にしながら下の枠に環境図による記録にしてみましょう。下の枠は園の様子に合わせて縦・横、使いやすいように使ってかまいません。

職員間の対話

1 職場の人間関係とは基本的に同僚の関係である。

2 保育者同士の対話は上意下達ではなく、柔軟に対応することが大切である。

3 情報共有の基本は、「お互いにうまく伝えあうこと」である。

1 職場における人間関係

1 職員同士の関係

　保育所等での人間関係に限ったことではありませんが、職場の人間関係は基本的に「同僚*」の関係であるといえます。同僚とは、家族・友だち・恋人といった関係とは質的に違うものです。学生からはじめて社会人になるといった場合、生まれてはじめて経験する人間関係になります。

　子ども時代から学生時代まで、人が最も親しく密にコミュニケーションをとる相手は友だちと恋人になるでしょう。その両者とも、自分と気が合う関係であり、魅力を強く感じる相手であり、ともに過ごすことが楽しく感じられる相手です。

　ところが同僚となると違います。必ずしも気が合うとは限らず、魅力を感じるわけでもないかもしれません。また一緒にいることに楽しさも感じられないかもしれません。それでも、同僚との密なコミュニケーションがなければ、職場での業務に支障が出てしまいます。以上の違いをまとめると、図表11-1のようになります。

　同僚との関わりで大切になるのは「好きか嫌いか」で関わり方を決めないことに尽きます。嫌いなタイプの人であろうと苦手なタイプの人であろうと大切な同僚です。日々のコミュニケーションを大切に、業務にあたりましょう。

2 職員間での情報共有

　保育の場でのコミュニケーションにおいて最も重要なものは、情報共有です。情報を共有することで、子どもや保護者への関わりについても、職員間での意思を統一しておくことが可能になります。

　いくつかの観点から、情報共有の必要性について見てみましょう。

アルバイトをした経験があると、同僚との関係は学生時代から経験しているかもしれませんね。

●図表 11-1　友だち・恋人と同僚の違い

友だち・恋人	同僚
お互いに強い魅力を感じ合っている	苦手な人でも密なコミュニケーションが必要

①子どもへの関わり

　園として、あるいは職員間において、子どもとの関わりに対する意思や方向性を統一していくことが大切です。

　たとえば、遊び中に順番を守らない子どもに対して、以下のように対応が分かれる場合はどうでしょうか。

A先生　順番をしっかり守らせる
B先生　順番を守らせることを意識していない

　保育者によって対応が違えば、その子どもは混乱してしまいます。どちらが正しいのかわからなくなりますし、何よりも、順番を守ることを学ぶのに時間がかかってしまいます。さらにいえば、「A先生の前でだけ順番を守る」といった学習をしてしまうおそれもあります。

　順番を守ることに限らず保育の場で子どもに身につけさせたいことは、一般的な社会生活に共通するルールです。子どもが相手を見てルールを守ったり守らなかったりすることは避けたいことです。そのため、保育者同士が意思を統一して子どもに関わっていくことが重要になるのです。

②保護者への関わり

　保護者が安心して子どもを保育所等に預けられることは大切なことです。「安心する」とは、不安を感じないことと言い換えてもいいでしょう。

　たとえば、ある保護者が、運動会のことを保育者に質問してきたとします。

A先生　しっかり保護者の質問に答える
B先生　運動会のことを十分把握していないため質問に答えられない

　この場合、保護者はどう感じるでしょうか。きっと「B先生は大丈夫かな？」と不信感をもったり、ひいては園への不信感へとつながったりもし

11
コマ目

職員間の対話

子どもに一貫性のある対応ができることが大切ですね。

かねません。不信感のある先生・園に子どもを預けることに、保護者は強い不安を感じます。保護者からの信頼を失わないためにもしっかりと情報共有をしておくことが求められます。

③複数担任制

保育の場では複数担任制をとることも多いのですが、その場合大切なのは、お互いの保育方針を合わせるということです。

①でもとりあげたように、複数の大人から違った対応をされると子どもは混乱してしまいます。また、保育方針が合わなければ、何よりクラス運営に支障が出てしまいます。

複数担任制の現場の保育者からは、「一人のほうが気が楽」とか「保育方針でいつもぶつかってしまう」などの声が聞かれます。これらは、コミュニケーション不足やお互いの正解を相手に押し付け合ってしまうことに起因しています。日ごろから同僚と密にコミュニケーションをとり、お互いに相手の保育への思いを尊重することが大切になります。

④早番・中番・遅番

保育の場では、1日のうちに保育者が交代することもあります。早番・中番・遅番の保育者がお互いに情報共有することが重要なのはいうまでもありません。

「今」の子どもの姿は、「今まで」にあったことの総体であるといえます。朝、登園した子どもの姿には、朝起きてから家庭であったことの影響が現れています。夕方の子どもの姿には、朝から夕方までの園であったことの影響が現れています。状態を把握するためには、子どもの姿をしっかり見て、それまでどのような過ごし方をしたのかを知ることが不可欠なのです。中番・遅番の保育者は、早番・中番の保育者からその日どのようなことがあったのかという情報をしっかりと聞くことで、そこにいる子どもの姿をはじめて把握できるのです。早番・中番の保育者は、前日の遅番の保育者からの情報提供を受けることが同様に重要となります。メモやノートなどの文章による情報提供は、後に残るため記録にもなります。また、対面や電話などの会話による情報提供は、細かなニュアンスが伝わりやすいのです。伝える内容によって、情報提供の手段を使い分けることが必要です。

またこの早番・中番・遅番の保育者における情報共有は、子どもの送り迎え時の保護者との関わりでも大切になります。保育者同士で情報共有できていないことの保護者への影響は、②で述べたとおりです。交代する時間帯などは、忙しいこともあるかもしれませんが、限られた時間を有効に使い情報共有に努めましょう。

3 対話は上意下達ではない

同僚だけでなく、職場におけるコミュニケーションには「上司と部下」「先輩と後輩」のように、上下関係間でのものも多くなります。このような場合、どうしても上意下達*に陥りがちです。つまり、ベテランの保育者が新米の保育者に対して考えを押しつけたり、一方的な情報伝達をしたりすることが多いのです。これは果たして正しいことといえるのでしょうか。

重要語句

上意下達

→上の立場の人の意思を、下の立場の人に一方的に伝えること。

　ベテランの保育者は、確かに経験が豊富です。現場での実践経験に裏打ちされた、豊かな見識をもっています。しかし、経験を積んでいる一方で先入観をもったり、柔軟に対応することが難しくなったりということもあります。

　新米の保育者には、ベテランの保育者のような経験はもちろんありません。しかし、まだ経験が浅いからこそ、新鮮で柔軟な視点をもっているともいえます。

　新米の保育者は、現場での保育でわからないことや迷うことが多いでしょう。それをベテランの保育者の見識で補うことは大切です。しかし、ベテランの保育者が、その経験をもってしてもどうしてよいかわからず迷いを感じるとき、新米の保育者の新鮮な視点が打開策につながることも珍しくありません。

　このテキストを読んでいる皆さんは、保育者を志す人が多いでしょう。卒業して現場で働くようになったら萎縮せず、自分が思ったこと、感じたこと、考えたことを現場の先輩に伝えたり提案してみましょう。また、将来自分が上の立場となった場合は、下の人たちの意見を取り入れることのできる柔軟なベテラン保育者にぜひなってください。

ベテランと新米、どちらも補い合える関係が大切なのね。

11コマ目　職員間の対話

2 円滑なコミュニケーションの構成要素

1 自分の考えをうまく伝える

　情報共有の基本は、「お互いにうまく伝え合うこと」です。ただ目を合わせて言葉を積み重ねればよいというものではありません。気をつけるべきポイントをいくつかあげてみます。

①言葉の選択

　相手にうまく伝わらないとき、「遠回しに伝えよう」としたり、「共通理解のない言葉を使う」ことが原因になっていることが多くあります。コミュニケーションは、相手に言葉を聞かせることではなく、相手が理解できてはじめて成立します。言葉の選択を工夫し、相手に伝わる表現を心がけましょう。

②話し方

　「早口」「声が小さい」「ぼそぼそ言う」「語尾がはっきりしない」などは避けましょう（図表11-2）。

③表情・態度

　仏頂面の直立不動で話しても上手く伝わりません。表情豊かに、身振り手振りも交えてコミュニケーションしましょう。

④相手の状況

　いくら上記の3点を意識しても、相手が話を聞ける状況でなければ伝わりません。相手が話を聞いてくれる状況であるかどうかを確認することは基本的なことですが、業務で忙しいときなどは疎かにされがちです。しっ

●図表11-2　円滑にコミュニケーションをとるための話し方

> あ、あの……
> 今日はちょっと……
> いろいろあって……

ではなく、

> 今日○○くんがお友だちと
> けんかをしてしまったんです

かり確認してから話しはじめるようにしましょう。

⑤相手にきちんと理解してもらっているかの確認

　自分が話したことの内容や意味を、相手が理解できてはじめて「伝わった」ことになります。相手の反応や表情を見て、理解してもらえているか確認しながら話しましょう。

2　自己主張の仕方

①人間関係のもち方と自己主張タイプ

　職場でのコミュニケーションでは、自分の意見と相手の意見が異なるときや言いにくいことを言わなければならないとき、また、相手に何かされて自分が嫌な気持ちになるときなどがあります。相手が上司や先輩だったとしても我慢するのではなく、それを伝えていくことも大切です。こうした自分の考えや気持ちを相手に伝えることを自己主張といいます。

　まずは、自分の人間関係のもち方を確認してみましょう。図表11-3のなかで、あなたはどのタイプに当てはまるでしょうか。また、自己主張には次の4つのタイプがあります（図表11-4）。

> ①非主張的（ノンアサーティブ）……言いたいことや気持ちをただ我慢する
> ②間接的攻撃……態度に不満などを表す
> ③攻撃的……考えや感情をそのまま相手にぶつける
> ④主張的（アサーティブ）……正しく主張する

　上手な自己主張の方法は、④の主張的表現です。この①～④を具体的な返答に当てはめると、次のようになります。

> 〈例〉
> 　上司に残業をお願いされたが、大切な用事があるため残れないとき
> 　①「はい…わかりました……」
> 　②「わかりました」（と言いつつムッとした顔で舌打ち）
> 　③「なんで残業しなきゃいけないんです!?」
> 　④「今日は大切な用事があるので、できれば帰りたいのですが」

● 図表11-3　人間関係のもち方の3タイプ

タイプ①	自分のことだけ考えて、他の人を踏みにじるタイプ	自分本位な要求が多くなり、人との摩擦が絶えない関係の持ち方	
タイプ②	自分よりも他の人を優先して、自分のことをあと回しにするタイプ	自分のことを大切にせずに、ストレスのたまる関係の持ち方	③のタイプが理想的
タイプ③	自分のことをまず考えるが、他の人にも配慮するタイプ	自分も人も大切にする、バランスが良い関係の持ち方	

出典：一般財団法人滋慶教育科学研究所監修『コミュニケーションスキルアップ検定』2018年、50頁

● 図表11-4　4つの自己主張の表現パターン

		問題解決	被害はあるか
a.非主張的（ノンアサーティブ）表現	人を優先して自分の気持ちを表現しないものです。タイプ②の関係の持ち方に多く見られます。要求を表さないため、問題が降りかかっても解決されません。	解決されない	劣等感が高まる 自己肯定感が低くなる
b.間接的攻撃（間接的アグレッシブ）表現	不満を態度で表し相手に気づかせようとするものです。タイプ①の関係の持ち方に多く見られます。要求に相手が気づいてくれなければ問題解決されません。	相手が要求に気づけば解決される	気づいてもらえないと怒りはさらに高まる
c.攻撃的（アグレッシブ）表現	相手を言葉で攻撃して要求を通そうとするものです。典型的なタイプ①の関係の持ち方に多く見られます。強い要求をしますので、相手の犠牲の上に問題解決されます。	相手の犠牲の上に解決される	人を傷つける 信頼を失う
d.主張的（アサーティブ）表現	人に配慮しながらも自分の要求は明確に表すものです。理想的な関係の持ち方であるタイプ③に多く見られます。相手の気分も害することなく問題が解決されます。	解決される	特になし

4つの表現パターンのパワーバランス

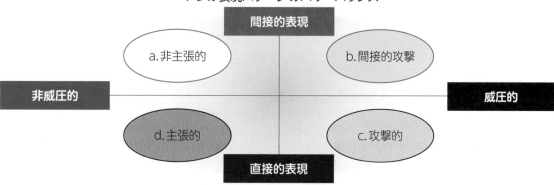

出典：図表11-3と同じ、52頁

このように主張的表現は、感情的にならずに伝えることがコツになります。我慢せず、感情的にならずに伝えるのが重要です。

②アイメッセージ

「アイメッセージ（I Message)」も自己主張の方法として有効です。アイメッセージとは、主語に「私は」をつけて伝えるコミュニケーション方法です。

「私」を主語にすることで、自己主張の内容を相手に押しつけることなく表現できます。「私はこう考えています・こう感じました」という伝え方をすることで、「あなたの考え・感じ方はどうですか？」と暗に相手の主張も聞こうとし、受け入れる表現になります。具体的には次のようになります。

〈例〉
・子どもへの対応に関して、上司と意見が違うとき
　→「私はもう少し時間をかけたほうがよいように思うのですが、どうですか」
・一生懸命つくったものを、上司にいわれのない全否定をされたとき
　→「私なりに一生懸命つくったのです。心が折れそうです」

3　頼みごとをするときと頼みごとを断るとき

①上手な頼み方

頼みごとをする際には、相手が「手伝ってもいいかな」「手伝ってあげたい」と思ってくれるような表現や言い方が大切になります。

ポイントは、手伝ってほしい理由、実際にしてほしいことの要求、してくれた場合の結果の3点を伝えることです（図表11-5）。

●図表11-5　上手な頼み方の基本

理由	「この書類の箱を運ぶのですが、とても重いんです」

▼

要求	「4階まで運ぶのを手伝ってもらえませんか」

▼

結果	「そうしてもらえると助かるんです」

出典：図表11-3と同じ、46頁

また、場合によっては「大変申し訳ないのですが」「忙しいのにごめんなさい」などの言葉を付け加えることも有効です。

②上手な断り方

頼みごとをされたとき、どうしても断らなければいけない場合も出てきます。また、何でも頼みごとを聞いていると、「言いなりになる人」「都合よく使える人」という印象をもたれてしまうこともあります。そうならないために、上手な断り方を覚えましょう（図表11-6）。

ポイントは、謝罪の言葉、できない理由、明確な断り、代替案の4点を伝えることです。

大切なのは、はっきりと断ることです。ここで曖昧に表現してしまうと、相手に強引にお願いされてしまうことも出てきます。はっきり断るというのはイライラする気持ちを込めたり、怒りながら断ったりするのとは違います。「申し訳ない」という気持ちを込めつつ、冷静に伝えましょう。

また、代替案を提示することも忘れないようにしましょう。代替案は、「こういう状況でなら、してあげられますよ」と相手に伝えることです。こうすることで、断られた相手は気分を害することが少なくなります。

◢4◣ 議論や話し合い

職場におけるコミュニケーションとして欠かせないのが、複数人での議論や話し合いです。保育の場でも、イベントの企画会議や子どもや保護者の対応を考える事例検討など、さまざまな話し合いが必要になります。こうした話し合いでは、意見が活発に出ず沈黙が続いてしまったり、アイデアが出てこずに、時間だけが過ぎていったりすることも少なくありません。

11 コマ目

職員間の対話

●図表11-6　上手な断り方の基本

謝罪	「すみません」「私に頼んでくれてうれしいけど」「力になりたいけど」
理由	「時間がないから」「それは賛成できないから」「僕には難しいから」
明確に断る言葉	「私にはできない」「私はやりたくない」
代替案	「次回なら」「その方法じゃなくこうだったら」「ここまでなら」

出典：図表11-3と同じ、48頁

●図表11-7　ブレーンストーミング

ブレーンストーミングとは

集団（小グループ）によるアイデア発想法の1つ。複数のメンバーが自由にアイデアを出し合い、お互いの発想の異質さを利用して連想を行いながら、さらに多数のアイデアを生み出そうという集団思考法・発想法です。「頭脳に嵐を起こす」のネーミングの通り、自由な発想でアイデアを生み出すことで、他のメンバーに刺激を与えるという点にポイントがあります。

自由な発想で アイデアを出す	▶	メンバー全員の "連想の電源"が 刺激される	▶	新たなアイデアが 多数生まれる

ルールについて

自由奔放	奔放な発想を歓迎し、どんなアイデアでも構わない。つまらないアイデア、乱暴なアイデア、見当違いなアイデアを歓迎する。
便乗発展	出されたアイデアの改善案や組み合わせなども歓迎する。他人のアイデアを修正・改善・発展・結合する。
大量生産	数で勝負する。アイデアは多いほど良い。量の中から質の良いものが生まれる。
批判厳禁	どんな意見が出てきても批判は行わない。提出されたアイデアに対する批判・判断・意見は、ブレーンストーミング中は排除する。

出典：図表11-3と同じ、61頁

　意見を言いにくくなる要因として、「否定されたらどうしよう」と考えて言うのを躊躇したり、「さっき出た意見とあまり変わらない気がする」からと自分の意見を引っ込めてしまったりすることなどがあげられます。そこでぜひ活用してほしいのが、ブレーンストーミングという話し合いの方法です（図表11-7）。

　たくさん意見を出したとしても、最終的には何か一つに絞らなくてはいけませんし、自分が出した意見とは真逆の意見になることもあります。ただ、そのことを気にして意見が出せなくなってしまうのはよくありません。大切なのは、とにかくたくさんのアイデアを話し合いの場で提出するということと、最後には一つに絞り意思を統一するということです。

おさらいテスト //

❶ 職場の人間関係とは基本的に ［　　］ の関係である。
❷ 保育者同士の対話は上意下達ではなく、［　　］ することが大切である。
❸ ［　　］ の基本は、「お互いにうまく伝え合うこと」である。

//

主張的表現を考えてみよう

- -

　4～6人のグループで課題に取り組みましょう。

①今までの経験のなかで言いたくても言えずに我慢したことを書いてみましょう。

・言いたかったこと

[
　　　　　　　　　　　　　　　　　　　　　　　　　　　　　　　　　　　　　　
]

・相手と自分の関係

[
　　　　　　　　　　　　　　　　　　　　　　　　　　　　　　　　　　　　　　
]

・そのときの状況

[
　　　　　　　　　　　　　　　　　　　　　　　　　　　　　　　　　　　　　　
　　　　　　　　　　　　　　　　　　　　　　　　　　　　　　　　　　　　　　
]

②グループでアイデアを出し合い、①を主張的表現に変えてみましょう。

[
　　　　　　　　　　　　　　　　　　　　　　　　　　　　　　　　　　　　　　
　　　　　　　　　　　　　　　　　　　　　　　　　　　　　　　　　　　　　　
]

③グループのメンバーに②を実際に伝えてみましょう。言われたメンバーの感想を聞いて
　書いてみましょう。

[
　　　　　　　　　　　　　　　　　　　　　　　　　　　　　　　　　　　　　　
　　　　　　　　　　　　　　　　　　　　　　　　　　　　　　　　　　　　　　
]

11
コマ目

職員間の対話

上手な頼み方と断り方を考えてみよう

- -

　4～6人のグループで課題に取り組みましょう。

①頼みごとを考えてみましょう。

・理由

[
　
　
　
]

・要求

[
　
　
　
]

・結果

[
　
　
　
]

②グループでお互いに①の頼みごとをしてみましょう。頼みごとをされたときに、自分の
　断り方がどのようになっているか確認してみましょう。

[
　
　
　
]

③メンバーからの頼みごとへの上手な断り方を考えてみましょう。

・謝罪

[
　
　
　
]

・理由

[
　
　
　
]

・明確な断り

[
　
　
　
]

・代替案

[
　
　
　
]

演習課題

ブレーンストーミングをやってみよう

【例】保育所でのイベントを企画してみましょう。

終了後、以下の項目をチェックしましょう。

□ たくさんアイデアを出せた

□ 枠に縛られない意見を出せた

□ 人のアイデアにダメ出しをしなかった

保護者との情報共有

1 子どもに関する決定権は保護者にあるので、連携が必要である。

2 保護者との関係づくりで最も重要なのは日々の送り迎えの会話である。

3 保護者同士の連携を図るため、保護者会が重要である。

1 保護者と保育者の連携

1 保護者との情報共有の必要性

保育者として、保護者とふだんから関わり、子どもに関する情報共有をしていくことはとても重要です。なぜ重要なのか、その理由についていくつかポイントをあげ、見ていきましょう。

①子育ての主体は保護者である

子どもを育てる責任と子どもに関するさまざまなことへの決定権は保護者にあります（第一義的責任）。

たとえ保育者として、ある子どものためによい対応を考えたとしても、その対応を子どもに対してするかどうか決める権利があるのは、基本的に保護者となります。保育者が子どもへの対応を勝手に決めてしまい、保護者の権利を侵害することにならないためにも、子どもへの関わり方を含めた情報共有をこまめにしていく必要があります。

②子どもに対して、家庭での関わりと園での関わりを統一する

子どもにとって大切なのは、大人からの関わりが一定であること・統一されていることです。家庭での保護者からの関わり方と園での保育者からの関わりが異なっていては、子どもは混乱してしまいます。

たとえば、園では、「お外から帰ったら手を洗おうね」と言われているのに、家庭では、「お外から帰ったらお着替えしようね」と言われていたらどうでしょうか。子どもは「外から帰ったらまず何をするべきなのか」がわからず混乱してしまいます。

すべてのことを家庭と園で統一することは難しいかもしれません。しかし、「今、その子どもに身につけてほしいこと」や「今、その子どもに習慣づけたいこと」に関しては、家庭と園とで関わりを統一していくことが望ましいでしょう。

子どもに関することは保護者に決定権があるのですね。

プラスワン

第一義的責任

「児童の権利に関する条約」（子どもの権利条約）第18条において、「父母又は場合により法定保護者は、児童の養育及び発達についての第一義的な責任を有する」とある。

子どもには一貫性のある関わりが大切ですね。

③家庭での姿と園での姿を合わせて子どもを理解する

　保育者がふだん見ている子どもの姿は、「保育の場」という環境における姿です。一方、保護者がふだん見ている子どもの姿は「家庭」という環境における姿です。保育者と保護者が、お互いに見ている子どもの姿を伝え合い、その情報を共有することで、より子どものことが理解できるようになります。

　たとえば家庭では「元気に遊んでいる子」なのに、園では「おとなしく遊んでいる子」であった場合はどうでしょうか。もし、保護者との情報共有がなければ、保育者はその子どもを「おとなしい子なんだ」と理解してしまうかもしれません。保護者から家庭での姿を聞き、園での関わりを少し工夫するだけでその子が元気に遊べるようになるかもしれないのに、その機会を逸することにもなりかねません。子どものためには、保護者と保育者が情報共有し、子どもへの理解をより深めることが重要なのです。

　以上のように、保護者と情報共有する目的は、「連携して子育てをする」ことにあり、お互いにさまざまな面でのメリットがあります。

2　情報共有のツールや機会

　保護者との情報共有のツールとしては、連絡帳や園だよりなどがあります。また、情報共有の機会としては、日々の子どもの送迎時の会話や保護者会などがあげられるでしょう。

　園だよりは、月に1度くらいの頻度で発行することが多いものです。1度に多数の保護者に重要事項を伝えられるメリットがありますが、保育者側からの一方的な情報伝達になってしまいがちです。また、すぐに読んでもらえるとも限らないため、早く伝達したい情報を伝えるには不向きです。

　保護者会は、多数の保護者に重要事項を伝えられることや、保護者からの情報・意見を得られるというメリットがあります。しかし、多数の保護者が集まる場であるため話しにくい内容が出てしまったり、すべての保護者との情報共有は難しくなったりするというデメリットがあります。また、保護者への個別の対応もできません。

　連絡帳は、日々の出来事や子どもの様子を個別に保護者とやりとりできるメリットがありますが、「書き言葉」で表現するため、細かなニュアンスがうまく伝わらないといったデメリットがあります。

　送迎時の会話は、「話し言葉」により個別に細かなニュアンスまで伝え合うことのできるメリットがありますが、なかなか長い時間は取りにくいことがデメリットとなります。

　こうしたツール・機会のなかで、情報共有や保護者との連携を密にしていくうえで最も重要なのは、「日々の送迎時の会話」になります。たとえ短い時間であろうとも、保護者と面と向かって会話を交わすことで、保護者と保育者が互いに「なじみ*の関係」になることが重要なのです。なじみの関係になるからこそ、話しにくさや伝えにくさが減少し、真の情報共有が可能になっていきます。

12 コマ目

保護者との情報共有

語句説明

なじみ

→慣れ親しんだ状態のこと。

また、ただ情報共有するだけではなく、保護者と連携・協同して子どもに関わるためには、信頼関係が大切なことはいうまでもありません。

3　保護者とのなじみの関係づくり

なじみの関係をつくるにはどうしていけばよいでしょうか。なじみの関係といえるような親しい関係になるには、お互いに、何かしらの好意を抱くことが必要になります。

家族でもなく、友人でもなく、恋人でもない保護者に好意をもってもらうには、何が重要になるでしょうか。ここでは心理学のなかでも対人関係について扱う分野である社会心理学の知見から考えていきます。

①単純接触効果

単純接触効果とは、ザイアンス*が提唱した概念で、「人がある対象（人や物）に繰り返し接触していると、その対象に好意を抱く」という現象を指す言葉です。ここで大切なのは関わりの質や意味ではなく「回数」です。

保護者と関係をつくろうと考えると、「意味のあるやりとりをしなければ」「保護者にとって必要なことだけを伝えなければ」などと構えてしまいがちです。こうした構えは、保護者との関わりを過度に慎重なものにしてしまい、関わる回数を減らしてしまうことにもつながります。

しかし、関わりの意味や質などと関係なく、たくさんの回数関わることが好意を抱いてもらえるための鍵なのです。ちょっとした雑談をする、あいさつをする、会釈をするなど、短い時間でも構いません。日々の子どもの送り迎え時には、できるだけ保護者と何かしらの関わりをもちましょう（図表 12-1）。

●図表 12-1　単純接触効果の例

今日は太郎くんママに特別伝えることがないから、別に顔を合わせなくてもいっか……

ではなく

こんにちはー。今日はよい天気ですねー。

②返報性

返報性とはチャルディーニ*が提唱した概念で、「人は他者からされたことをそのまましして返そうとする」という、人間の性質を指す言葉です。

誰かから親切にされたとき、その人に対して自分も親切にしようと思ったことはありませんか。まさにそれが返報性です。

保護者に笑顔で接してほしければ、まずは自分が笑顔で接しましょう。保護者に好意をもってほしければ、まずは自分が好意を示しましょう。保

ここでいう好意とは、「親しみ」をもってもらうということであって、恋愛のような「好き」になってもらうことではないことに注意しましょう。

ザイアンス

Zajonc, R. B.
1923〜2008
アメリカの社会心理学者。社会や認知過程の研究をした。

チャルディーニ

Cialdini, R. B.
1945〜
アメリカの社会心理学者。人間心理の基本的原理として6種類の心理的原理を提唱した。

護者にたくさん情報を伝えてほしければ、まず自分がたくさん情報を伝えましょう。

　保護者が心を開いてくれなかったり仏頂面でしか接してくれなかったりするときは、保育者は自分の態度を振り返ることが重要です。もしかしたら、保育者自身が保護者にそのように接しているかもしれないからです。

　保育者は、保護者から心を開いて関係をつくってくれるのを待っているわけにはいきません。こちらから積極的に働きかけ、返報性によりよい関係をつくっていくようにしましょう（図表12-2）。

●図表12-2　返報性の例

　保護者となじみの関係をつくるには、一朝一夕にはいきません。毎日の地道な関わりの積み重ねが必要です。焦り過ぎずにじっくりと、日々の接する機会を大切にしていきましょう。

４　保護者との信頼関係づくり

　保護者との信頼関係のように、対人援助の場面で必要な深い信頼関係のことをラポール（rapport）といいます。ラポールがある状態とは、簡単にいえば、「お互いが変にいいかっこせずに向き合える」ことです。この深い信頼関係があるからこそ、率直な情報共有や意見交換が成立するのです。保護者と連携するために必須の要因といえます。

　このラポールの形成に必要な姿勢とされるのが受容と共感です。保護者に対してどのような態度で接することが受容と共感なのかみていきましょう。

①受容

　受容とは、「一切否定せずにそのまま受け止めること」です。保護者が話している内容や考えていることが、たとえ好ましくないことであっても「うんうん」と聞く態度のことです。

　皆さんはふだん、友だちの話をどのように聞いているでしょうか。友だちが「よくないこと」を言ったとき、図表12-3のようによかれと思って、それを否定する言葉を言ってしまっていませんか。

　人は、自分を否定する人のことは信頼しません。たとえ否定した相手のほうが正しいとしてもです。図表12-3でいえば、あきらめようとして

●図表 12 - 3　否定的な言葉の例

もうあきらめ
ようかなあ。

相手

そんなこと言うなよ。
できるって。

自分

いる相手に対して「できるよ」と励ましの言葉をかけているように見える
かもしれません。でも裏を返せば、励ましは、相手の「あきらめたい」と
いう気持ちを否定する言葉なのです。

　受容とは、あきらめたいと思っている相手に「あきらめたくなってるん
だな」と理解を示す態度です。否定をせずに、「あなたはこう思っている・
考えているんだね」と聞いてあげる態度になります。

　受容された人は、相手に対して、「この人は否定せずに聞いてくれるん
だ」という安心感を抱きます。その安心感があるから、何でも話してみよ
うという気持ちになるのです。そしてその安心感がラポールにつながって
いきます。

②共感

　共感とは、「相手の価値観やものの見方から理解すること」です。

　ふだんの会話では、どうしても相手の話を自分の価値観やものの見方か
ら理解してしまうことが多くなります。相手の話を「自分だったらこうす
るのに」とか「自分だったらそんな考え方はしないな」などと、自分に重
ねて理解してしまうのです。

　共感とは、「この人は自分と違ってこうするんだな」とか「この人はこ
ういうふうに考えているんだな」と、自分に重ねずに、相手の立場そのま
まで理解する姿勢を指します。相手の話に対して、「なるほど」と理解し
て聞き続ける態度といってもよいでしょう。共感しないで聞くと、何か自
分の考えを言いたくなります。「自分だったらこうする」と伝えたくて
てたまらなくなってしまうのです。こうして浮かんだ自分の考えは、図表
12 - 4のように多くの場合、相手への「アドバイス」として伝わってしま
います。

　この場合の「アドバイス」とは、自分の状況に合った「自分の正解」を
相手に伝えているだけなのです。それは相手にとって正解とは限りません。
そして、自分の正解には合わないアドバイスをされた人は、もう相手のこ
とは信頼しなくなってしまいます。安易なアドバイスは「あなたは間違っ
ているからこうしなさい」と言っているように伝わります。つまりそれは
相手への否定なのです。

　しかしお互いに共感し合う関係ならば、安易なアドバイスが浮かぶこと
はありませんし、それを安易に伝えたくなることもありません。たとえば、
図表 12 - 5のように対応するはずです。

●図表 12‑4　共感していない聞き方

疲れているから今度の休みは家で寝ていることにしたんだ。

なんでだよ！せっかくの休みは遊ばなくちゃ！

相手　すごく忙しかったから元気がない

自分　すごく暇だったから元気

●図表 12‑5　共感している聞き方

疲れているから今度の休みは家で寝ていることにしたんだ。

疲れているんだね。

自分と違ってこの人は忙しかったんだな。

相手　すごく忙しかったから元気がない

自分　すごく暇だったから元気

●図表 12‑6　提案型アドバイス

疲れているから今度の休みは家で寝ていることにしたんだ。

疲れているんだね。もし少しでも元気が出たら遊ぶと気分転換にもなると思うんだけど、どうかな？

相手　すごく忙しかったから元気がない

自分　すごく暇だったから元気

12 コマ目　保護者との情報共有

　ここで、「アドバイス（助言）」について説明しておきます。プロの保育者として保護者と関わる以上、アドバイスが必要な場合も出てきます。ただ、アドバイスをするということは、保育者の正解を一方的に保護者に押しつけることにもつながりかねないのは、今までみてきたとおりです。安易なアドバイスは、受容と共感に反しますし、信頼関係を壊すことにもなるのです。

　そこで、アドバイスをする場合は、図表 12‑6 のような提案型でするとよいでしょう。「こうしてください」と押しつけるのではなく、「私はこうするとよいと思うのですが、どうですか？」と提案する形でアドバイスをするのです。

　そのアドバイスを受け入れるかどうか決めるのは保護者です。「自分の正解」に当てはまるアドバイスではなかった場合、保護者はそのアドバイ

スを受け入れることを拒否するでしょう。でもそれでいいのです。そうしたら、また保護者の正解に合うアドバイスを考え、提案しなおせばよいだけです。

アドバイスは、「慎重に、押しつけず、提案し、採用するかどうかは相手に委ねる」がポイントとなります。保護者とともに考えるという姿勢で、どの方法がよいのかを模索していきましょう。

受容と共感の姿勢で保護者に接するとは、「何とかしてあげよう」とすることよりも「わかってあげよう」とする姿勢であり、保護者の気持ちに寄り添う姿勢です。そうした姿勢を基本としてラポールを形成することで、保護者とよりよい情報共有・連携ができるようにしていきましょう。

2 保護者同士の連携

1 保護者同士がつながること

現代は都市化*や核家族（➡3コマ目を参照）化の影響などがあり、子育てが孤立化しているといわれています。

昔は、子育てを親だけでしてはいませんでした。家にはおじいちゃんやおばあちゃんが同居していて、子どもを一緒に見てくれました。また近所の人たちも、子どもが悪さをしたところを見れば叱ってくれたりと、地域近隣の大人たち皆で子どもを育てていたのです。

その、皆で育てていた子育ての負担が、現代では親に集中しています。子育ての孤立化に伴う育児不安の増大は、虐待などにつながるリスクとなります。不安を軽減するための対策の一つは、「わかってもらう場・聞いてもらう場」をつくることです。そして「孤立」から脱するためには仲間の存在が不可欠です。こうした背景から、保護者同士の連携が重要になります。

保育所に子どもを通わせる保護者は昼間働いているため、普段なかなかほかの保護者と関わる機会がありません。そこで園・保育者が、保護者同士のつながりをサポートしていく必要性が出てきます。保護者がただ集まる機会をつくるのではなく、「保護者同士が関わる」機会をいかに提供できるかが大切になります。

保護者同士がつながることで生じるメリットとデメリットをあげてみます。

重要語句

都市化

→都市部にさまざまな地域から人が集まることで、地域のつながりが断たれるなどの影響が出ること。

> **保護者同士がつながるメリット**
> ・子育ての仲間ができる。
> ・保護者同士での情報共有ができる。
> ・保護者の意見を集約して園に提示してもらいやすい。
>
> **保護者同士がつながるデメリット**
> ・仲間外れなどのトラブルが生じる可能性がある。
> ・間違った情報が共有される可能性がある。
> ・保護者全体の意見が極端なものになる可能性（リスキーシフト＊）がある。

デメリットは保護者の不利益となるので、こうしたことが生じないよう十分配慮をしておくことが必要です。あらかじめ保護者の集まりにルールを設定しておいたり、ときには保育者が介入して方向修正したりすることも大切です。

2　保護者がつながることへの支援

保護者が集まる機会は、基本的に保護者会になります。そこで「いかに保護者同士の関わりを演出できるか」が鍵になります。

保護者会が、ただ園側の話を聞き、それに対する保護者の質疑応答で終わってしまってはつながりづくりの支援はできません。大切なのは、「お互いを知る機会」を提供することです。たとえば、以下のようなものがあります。

> ・保護者が自己紹介する時間を設ける。
> ・保護者同士で関われる簡単なゲームなどをする。

以上のようなことを楽しく盛り上がれるような雰囲気で行えば、保護者同士のつながりも形成されやすくなります。まじめで堅苦しい雰囲気の関わりであればそうはいかないでしょう。

そのために、こうした時間では、まず保育者が率先して盛り上げていくことが望まれます。保育者が場の雰囲気を和らげることが大切なのです。そうすれば、保護者もそれに後押しされてほかの保護者と楽しく関われるはずです。その楽しい関わりから生まれる保護者同士のつながりは、保護者たちにとって「子育て仲間」を得ることにもなるのです。

おさらいテスト //

❶ 子どもに関する決定権は ［　　　］ にあるので、連携が必要である。
❷ 保護者との関係づくりで最も重要なのは ［　　　］ である。
❸ 保護者同士の連携を図るため、［　　　］ が重要である。

//

✏️ 重要語句

リスキーシフト

→集団での話し合いにおいて、メンバーがもともともっていた意見よりも危険で過激なものになりやすい現象。

12 コマ目　保護者との情報共有

> 保護者が集まる機会には、まじめな時間だけではなく楽しめる時間があるとよいですね。

ロールプレイ

　4～6人でグループを組みましょう。そのなかで「話し手」「聞き手」を1人ずつ決め、受容と共感の姿勢で話を聞く練習をしてみましょう。話し手・聞き手以外のメンバーは2人のやりとりを観察してみましょう。

　役割を交代しながらグループのメンバー全員が話し手・聞き手を演じましょう。

　演じ終わったら、下の空欄に記入しましょう。

①話し手をしたとき
・聞き手に「ちゃんと聞いてもらえた」と感じましたか。

[
　
　
　
]

・「ちゃんと聞いてもらえた」あるいは「ちゃんと聞いてもらえなかった」と感じた聞き
　手の態度はどのようなものですか。

[
　
　
　
]

②聞き手をしたとき
・話し手に対して受容と共感の態度で聞けましたか。

[
　
　
　
]

・どのようなところが難しいと感じましたか。

[
　
　
　
]

③他のメンバーのやりとりを観察したとき
・何か気づいたことがあれば記入しましょう。

[
　
　
　
]

演習課題 ✏

自分で調べてみよう

- -

　現代の保護者が抱えている子育ての困りごと・悩みごとについて、インターネットなどで調べてみましょう。また、その困りごとについて、自分ならどのようなアドバイスを提案するか、考えてみましょう。

〈困りごと〉	〈提案するアドバイス〉

ディスカッション

①保護者同士が関わる会を企画してみましょう。

【例】園内で行う子育ての困りごとをお互いに話す会

　　　園外で集まるバーベキューなどの食事会

②①の会を開催するうえで、事前に告知しておくべき決めごとや、当日の注意点について考えてみましょう。

【例】「ほかの人の話を否定しないで聞く」ことを事前に伝える。

　　　会で誰とも話せずに孤立している保護者に保育者が介入する。

第4章

子どもの理解に
基づく発達援助

この章では、発達援助について学んでいきます。

発達の過程において、子どもたちはさまざまな課題に直面します。

保育者が発達理論を知っておくことで、

課題と向き合う子どもを適切に援助することができます。

また、さまざまな配慮が必要な子どもたちが保育の現場にいることを理解し、

その援助の方法についても知っておく必要があります。

就学も、子どもにとっては大きな発達の課題の一つです。

保育所等と小学校が連携することで、

スムーズな移行を援助できるようにしましょう。

発達の課題に応じた援助と関わり

今日のポイント

1 人生の各時期には、達成しなければならない発達課題がある。

2 乳幼児期における基本的信頼感の獲得は、その後の人生の土台となる。

3 子どもは一人ひとり異なるため、適した関わり方も個々に異なる。

1 発達課題

1 発達課題とは

　人が充実した人生を送るためには、周囲の人や世のなかに対する信頼感や安心感をもつこと、自分自身を大切に思えること、周囲の人が自分を大切にしてくれていると思えることなどが大切です。それにより、はじめてのことにも果敢にチャレンジしたり、意欲をもって物事に取り組んだりして、新しい環境に適応していくことができます。このような状態になるためには、人生の各段階に特有の課題を達成していくことが重要です。その課題のことをハヴィガースト*は「発達課題」と呼びました。発達課題をうまく達成できないと、そのときどきの段階の適応に問題が生じるとともに、人生の次の段階への移行に影響が出ます。

　では、発達課題はどうすれば達成できるのでしょうか。また、達成することが難しくなるとしたらそれはどのような場合でしょうか。

　発達課題の達成には、乳幼児期からの基本的信頼感*を土台として、子ども自身が愛され大切にされるとともに、何かをはじめるときは、自らやろうとする気持ちを認めてもらえるような環境で育っていくことが大切です。

　また発達課題は、本人の特性と周囲の人々との相互作用の影響を強く受けます。たとえば、保護者が子どもに一生懸命関わっていたとしても、その子どもに発達障害などがあって保護者の関わりが空回りしてしまうことがあります。その場合、発達課題の達成に支障が出ることがあります。しかしそのようなとき、早い段階で専門家に相談することで子どもに適した関わりをしていくことができ、発達課題の達成をスムーズにすることができます。一方で、そのような障害などをもたない子どもであっても、否定されやすい環境にいるなどのために自尊心の低下や劣等感を強くもってし

ハヴィガースト

Havighurst, R. J.
1900～1991
アメリカの教育学者。人生を乳幼児期、児童期、青年期、壮年初期、中年期、老年期の6つの段階に分け、各時期の発達課題を示した。

✏ **重要語句**

基本的信頼感

→自分や他者、社会に対する確固たる信頼であり、生後1年間の経験から獲得される。

まうなどして、発達課題の達成が難しくなるケースもあります。

２　エリクソンの発達課題

エリクソン*は、人の一生を８つの段階に分け、各段階における発達課題を示しました（図表 13 - 1）。

たとえば、乳児期では、「基本的信頼 vs. 不信」が発達課題となっています。この場合、周囲の人や世のなかに対して「基本的信頼感」を獲得することが、発達課題の達成を意味します。それがうまくいかず「不信感」をもってしまうことは発達課題を達成できていない状態であり、そのままでは充実した乳児期を過ごすことができなくなるとともに、次の幼児期前期の段階に移行することが難しくなります。同様に、幼児期前期では、「自律性 vs. 恥・疑惑」が発達課題であり、自律性を獲得することが次の段階への移行に必要となります。

●図表13 - 1　エリクソンの発達課題

発達段階	発達課題
乳児期（0 ～ 1 歳）	基本的信頼 vs. 不信
幼児期前期（1 ～ 3 歳）	自律性 vs. 恥・疑惑
幼児期後期（3 ～ 6 歳）	積極性 vs. 罪悪感
学童期（6 ～ 12 歳）	勤勉性 vs. 劣等感
青年期（12 ～ 22 歳）	同一性 vs. 同一性拡散
成人期初期（22 ～ 35 歳）	親密性 vs. 孤独
成人期（35 ～ 65 歳）	生殖性 vs. 停滞
老年期（65 歳～）	統合性 vs. 絶望

このように、それぞれの段階の発達課題を適切に達成していくことが人生において重要であり、その土台として最も大切なのが乳児期における基本的信頼感の獲得です。では、エリクソンの発達課題を理解しておくことは、保育においてどのように役立ってくるでしょうか。

たとえば、何ごとにも消極的な子どもがいたとします。その子に、「思い切ってやってごらん」と声をかけたとしても、自分から行動することは難しいでしょう。その理由の一つとして、保育所等において基本的信頼感の形成が不十分であり、消極的になってしまうほどの不安を抱えているかもしれません。この場合、保育者が子どもにとって信頼できる存在となり、保育所等が安心できる場であると感じられるようになれば、徐々に積極的にふるまうことができると考えられます。

このように、発達課題の達成状況に個人差がある場合、より低年齢の発達課題を見直していくことによって子どもに本当に必要な関わりを考えることができます。

３　保育における環境

子どもが発達課題を達成するためには、その子の特性に適したよい環境

エリクソン
Erikson, E. H.
1902～1994
アメリカの発達心理学者。精神分析学の理論に基づき、アイデンティティの概念を中核とした発達段階を示した。

13
コマ目

発達の課題に応じた援助と関わり

保育の環境については、8コマ目も参照しましょう。

のなかで育つことが大切です。保育における環境には次の3つがあります。

①人的環境……保護者、友だち、保育者、地域の人など
②物的環境……保育室、園庭、遊具など
③自然・社会の事象……自然豊かな地域、都会、行事など

　このなかでも、特に人的環境が子どもの発達には重要です。乳幼児期の多くの時間を保育所等で過ごす子どもにとっては、保育者は大きな影響を与える人的環境でもあります。したがって、保育者の関わりは、子どもの発達課題の達成に重要な役割をもっているといえます。
　子どもに対する保育者の役割を整理すると、以下の役割があげられます。こうした保育者の役割を踏まえて、子どもによりよい環境を提供することが大切です。

①人的環境として子どもの発達を支援する役割
②安全基地*として、子どもが安心して自己を発揮できるようにする役割
③環境調整を行うことで、子どもにとって有益な環境を計画し工夫する役割

1 乳児期の保育
　乳児期*は、身のまわりのものと直接触れ合うことで外界について学んでいく時期です。たとえば玩具を見つけたら、嚙んだり叩いたり、ぶつけて音を楽しんだりします。この時期の発達は、のびのびと外界を探索することが大切であり、そのためには安心・安全な環境が不可欠です。
　乳児にとって未知の環境は不安が多いものです。しかし、自分自身を守ってくれると信じられる養育者がいると、子どもは安心感をもつことができ、身のまわりの環境に興味・関心をもって関わっていくことができます。このように、基本的信頼感や安心感をもつことにより行われる周囲への働きかけを探索行動と呼びます。だからこそ、「保育所保育指針」では、乳児期における保育は、愛情豊かに、応答的に行われることが大事だとしています。また、安心できる環境のなかでは、表情、発声、身体の動きで気持ちを表現することができ、それがのちの言葉によるコミュニケーションへとつながっていきます。

2 乳児期の特徴と発達課題
　エリクソンによると、乳児期は、「基本的信頼 vs. 不信」が発達課題となっ

✏ **重要語句**

安全基地

→不安なときにいつでも帰ってくることができ、なぐさめられ励まされる存在（保護者など）。それによって子どもは、安心感をもって主体的に環境に関わる探索行動が可能となる。

✏ **語句説明**

乳児期

→本書では1歳未満を乳児期とする。

「保育所保育指針」における乳児期の発達の特徴については、5コマ目を参照しましょう。

●図表13 - 2　子ども、保育者、玩具の三項関係と共同注意

ています。周囲の人や世のなかに対して絶対的な信頼を獲得する時期です。そのためには、生まれてから最初の人間関係といえる養育者との基本的信頼感を形成することが大切です。

　では、基本的信頼感はどのように形成されるでしょうか。乳児は、泣く、笑う、抱きつく、見つめるなどの愛着行動*をします。それに対して養育者が、すぐに抱っこしたりあやしたり声をかけるなど応答的な関わりを繰り返していくと、乳児は養育者との間に情緒的な絆（愛着）を形成するようになります。このように、愛着関係が成立することで乳児は基本的信頼感を獲得できます。

　しかし、養育者が、乳児の愛着行動を無視したり愛着行動を不快に感じてネガティブな反応を乳児に返したりしていると、養育者との間の愛着関係を形成することができず、基本的信頼感を獲得できなくなります。

　このような愛着関係の形成は、養育者だけではなく、保育者との間でも成立します。したがって、保育所等において特定の保育者との間に愛着関係ができるとその保育者を安全基地とすることにより、のびのびと遊んだり活動したりすることができるとともに、身のまわりの環境に興味・関心をもつことができるなど、探索行動をとることができます。逆に、安全基地となるべき保育者がいなければ不安が大きく、身のまわりの環境に興味・関心をもつことは難しくなります。

　また、乳児は、言葉によるコミュニケーションが未熟ですが、信頼できる保育者がいることで、言葉を介したコミュニケーションの基礎を育むことができます。たとえば、6か月ごろの乳児では、自分と母親、自分と玩具といった単純な関係（二項関係）であったものが、9か月ごろになると、驚いたり喜んだりするときに、その対象を指さして親と共有するようになります（共同注意）。このように、自分と相手、対象物の3つの関係を三項関係と呼び、その後の言葉によるコミュニケーションの基礎となります（図表13 - 2）。

3　乳児期の発達援助

　保育者は愛着関係の形成や基本的信頼感の獲得のためにも、乳児に対して応答的な関わりをすることが大切です。たとえば、子どもから保育者へ

重要語句

愛着行動

→養育者の養育行動を引き出す行動であり、乳児に生まれつき備わっている。

13
コマ目

発達の課題に応じた援助と関わり

の働きかけに対して愛情を込めてこたえたり、子どもに対してやさしく声をかけ、子どもの反応を受け止めるなどの関わりをしていきます。

その一方で、保育者が応答的な関わりをしていても、なかなか関係をつくることが難しい子どももいます。たとえば、保育者が抱っこをしようとしても、子ども自身がスキンシップを苦手としており、保育者を避ける場合があるかもしれません。また、それまでの養育環境で愛着形成がうまくいかず、周囲の人に対して不信感をもっている子どももいます。しかし、どのような子どもであっても根気強く応答的に関わっていく姿勢は必要であり、あいさつをする、名前を呼ぶなど、できるところから笑顔で関わっていくことが大切です。

3 幼児期前期の発達と保育

1 幼児期前期の保育

幼児期前期*は自分でできることが増えてくる時期です。さまざまなことにチャレンジしながら、自立に向かっていきます。そのため、保育者は、子どもの生活の安定を図りながら、自分でしようとする気持ちを尊重しあたたかく見守るとともに、愛情豊かに応答的に関わることが大切です。

また、少しずつ自分の意思や欲求を言葉で伝えられるようになってきます。幼児は、1歳半ごろから語彙が急激に増加します（語彙爆発）。片言だった言葉が、二語文となり、さらにはごっこ遊びでのやりとりができる程度へと、言葉の獲得が進んでいきます。

2 幼児期前期の特徴と発達課題

エリクソンによると、幼児期前期は、「自律性 vs. 恥・疑惑」が発達課題となっています。自律性・自主性が育ち、食事、排泄、着替えなどの基本的生活習慣を獲得する時期です。自分でやろうとする気持ちを尊重しつつ、自信をもたせるような関わりをすることが大切です。保育者は、子どもが失敗を繰り返しながらもできたところに気づき、自信をもって何度もチャレンジできるよう声をかけていきます。

また、2歳ごろの子どもは、「魔の2歳児」「イヤイヤ期」と表現される時期です（図表13-3）。これは、自分でできることが増え、言葉も次第につかえるようになってくることから自己主張が激しくなってくるためです。養育者や保育者にとっては関わりに苦労する時期でもありますが、本来たどっていかなければならない重要な段階でもあります。子どもの気持ちを受け止めながら、関わっていくことが大切です。

その一方で、子どもが自らやろうとすることに対して、失敗させないように先回りしたり、子どもがしてしまった失敗を過度に責めたりするような関わりをしてしまうと羞恥心の感覚が強くなり、チャレンジしようとする意欲が生まれにくくなり、この時期の発達課題の達成が困難になります。

語句説明

幼児期前期

→本書では、1歳以上3歳未満児を指す。

「保育所保育指針」における幼児期前期の発達の特徴については、5コマ目を参照しましょう。

プラスワン

語彙の増加（語彙爆発）

子どもは1歳半ごろから、扱える語彙の増加がめざましくなっていく。これを語彙爆発と呼ぶ。

言葉の獲得

言葉は、クーイング、喃語、反復喃語、一語文、二語文へと発達していく。クーイングは生後1か月ごろからの「アー」といった、のどを鳴らすような音声である。喃語は4か月ごろに現れる1音節の音声であり、6か月ごろには、それが反復された反復喃語となる。また、1歳ごろに、「マンマ」など意味のある単語（一語文）を発し、1歳半ごろには2つの単語による二語文を話せるようになる。

●図表13-3　イヤイヤ期

　また、幼児期前期は、少しずつ言葉で伝えられるようになってきます。言葉は、人とのコミュニケーションに役立つだけでなく、ごっこ遊びができるようになるなど、遊びを広げることにもつながっていきます。

　このように言葉の発達は、子どもにとって重要な役割をもちますが、なかには言葉がうまく発達していない子どももいます。言葉の理解の難しさや表現の難しさなど子どもによって理由はさまざまですが、自分の気持ちをうまく相手に伝えられずにストレスを抱え、友だちを叩いたり噛みついたりするなどの行動が出ることがあります。結果だけをとらえて子どもを非難してしまうと、発達課題の達成は困難になります。保育者は、子どもの行動の理由を理解し、言葉でうまく表現できなくても伝えようとする努力を認め、子どもの気持ちに寄り添った関わりをすることが大切です。

3　幼児期前期の発達援助

　幼児期前期では、保育者は、自律性・自主性の獲得のために、子どもが自分でやろうとする気持ちを大切にし、できたことややろうとしていることを褒めたり、失敗しても責めないような関わりをすることが大切です。

　一方で、なかなか自分でやろうとしない子どももいます。たとえば、園に対して強い不安を抱えている場合には、自分から行動するということは難しくなるでしょう。子どもは、「困ったときは助けてもらえる」という安心できる環境のなかだからこそさまざまなことを試したり、難しいことでもチャレンジしたりすることができます。その意味でも、基本的信頼感を獲得し安心感を得られることは、その後の発達の土台になるとともに、クリアしていかなければならない課題ともいえます。したがって、年齢では幼児期前期の子どもであっても強い不安を抱えている子どもに対しては、まずは安心感をもてるように、基本的信頼感の獲得を目指した関わりをすることが大切です。

　また、不器用さなどのために失敗を積み重ねてしまい、自信をもてなくなってしまっている子どももいます。そのような子どもに対しても、失敗しても大丈夫だと思えるような安心できる環境にするとともに、少しのことであってもできている部分を気づかせてあげるような関わりが大切です。

4 幼児期後期の発達と保育

1 幼児期後期の保育

　幼児期後期[*]とはどのような時期でしょうか。「保育所保育指針」では、3歳以上の子どもの発達を次のようにとらえています。

> 「保育所保育指針」第2章3（1）「基本的事項」ア
> 　この時期においては、運動機能の発達により、基本的な動作が一通りできるようになるとともに、基本的な生活習慣もほぼ自立できるようになる。理解する語彙数が急激に増加し、知的興味や関心も高まってくる。仲間と遊び、仲間の中の一人という自覚が生じ、集団的な遊びや協同的な活動[*]も見られるようになる。

　幼児期後期では、幼児期前期よりもできることが増えるとともに、遊びや活動において、仲間のなかの一人という自覚が生まれてきます。

　また、自我が育ち、自分と他人を区別できるようになってくることで、自己主張が高まります。その結果、友だちと自己主張をぶつけ合い、葛藤を経験します。そのなかで友だちの思いや考えを受け入れたりしながら、友だちと協力して活動したり何かをやり遂げるようになっていきます。

　保育者はこれらを踏まえて、個々の子どもとしての成長とともに、集団としての活動の充実を図りながら保育を行っていくことが大切です。

2 幼児期後期の特徴と発達課題

　エリクソンによると、幼児期後期は、「積極性 vs. 罪悪感」が発達課題となっています。さまざまなことに興味をもち、積極的に活動するなかで、やってよいことや悪いことを理解しコントロールしていきます。適度なしつけを受けながら思う存分に遊ぶことで、積極性を獲得することになります。その一方で、過度に厳しいしつけにより罪悪感を覚えてしまうと積極的に行動することができなくなり、発達課題の達成が困難になります。

　また、子どもが自分の気持ちや行動をコントロールするためには、言葉の発達が不可欠です。ヴィゴツキー[*]によると、言葉には外言と内言があるとされています。他者とのコミュニケーションをとるための言葉として生まれたものが外言であり、その外言が発達の過程において、自分の頭のなかで情報を整理し思考するための言葉として用いられるように変化したものが内言です。つまり言葉は、コミュニケーションだけでなく、思考にも用いられると考えられています。この内言は難しいことを考えるときに思考を支えるともに、自分の気持ちや行動をコントロールする力にもなります（図表13-4）。したがって、ルールを守りながら、自分のやりたいことを適切にするためには、言葉の発達が重要な役割をもっているといえます。

📖 語句説明

幼児期後期

→本書では3歳以上児を指す。

✏ 重要語句

協同的な活動

→ほかの子どもと思いや考えを出し合いながら、協力するような活動。それをやり遂げ、達成感を味わうことは、子どもにとって自信につながり、自己肯定感を育むことにもなる。

ヴィゴツキー

Vygotsky, L.
1896～1934
ロシアの発達心理学者。発達における社会的相互作用の重要性を提唱した。

●図表13-4　外言と内言

3　幼児期後期の発達援助

　積極性の獲得のためには、「何が正しくて、何が間違っているのか」の判断を適切に育てるとともに、我慢するなど、自分自身をコントロールする力を育てることが大切です。そのためには、さまざまな行動を試みながら、やってよいことと悪いことを、大人から教わったり、友だちの様子を見て自ら気づいたりする必要があります。

　しかし、さまざまな行動を試みるためには、安心できる環境のなかで、外界に対して興味・関心をもっている必要があります。やってはいけないことをしてしまったときに、過剰に注意をされたり恥ずかしい気持ちになってしまうような対応をされると、積極的に行動する意欲を失ってしまうことになります。

　保育者は、基本的信頼感を土台として、子どもが安心して行動できるような環境を用意するとともに、たとえ失敗したとしてもどのようにすればよかったのかなどを考えられるように、ていねいに関わっていくことが大切です。

　一方で、同じような失敗を繰り返してしまう子どももいます。たとえば、座っていなければならない場面で立ち歩いてしまったり、順番を守れなかったりするなど、よくないとわかっていながら気づいたときには体が勝手に動いてしまうような子どもがいます。子ども自身は悪気があるわけではなく、失敗したり注意されたりした経験をつい忘れてしまい、同じ失敗を繰り返してしまいます。そのような場合には、子どもだけに努力を押しつけるのではなく、どのような工夫をすればその子がうまくやれるのかを、保育者自身が考えていくことも必要です。

> たとえば、活動の前に約束をする、立ち歩いてもよいように役割をもたせる、順番などをわかりやすくイラストで示すなどの工夫が考えられます。

おさらいテスト //

❶ 人生の各時期には、達成しなければならない〔　　　〕がある。

❷ 乳幼児期における〔　　　〕の獲得は、その後の人生の土台となる。

❸ 子どもは〔　　　〕異なるため、適した関わり方も個々に異なる。

発達課題を踏まえた関わりを考えてみよう①

　乳児期、幼児期前期、幼児期後期のそれぞれの時期について、発達課題を踏まえ、関わり方の留意点をあげてみましょう。その際、以下のポイントを押さえて考えてみましょう。

> ・各時期の発達課題との関連を明確にしていること。
> ・関わり方の留意点は、なぜそれが「よいのか／よくないのか」といった理由を明確にしていること。

①乳児期

②幼児期前期

③幼児期後期

演習課題

発達課題を踏まえた関わりを考えてみよう②

　演習課題「発達課題を踏まえた関わりを考えてみよう①」で整理した内容を小グループで共有し、話し合ってみましょう。なお、話し合いをする際は、以下の点に配慮しましょう。

・メンバー全員が自分の考えを話す機会をもつ。

・お互いの話を肯定的に受け止める。

13
コマ目

発達の課題に応じた援助と関わり

事例について考えよう

事例	失敗に敏感で自信を失いやすい子ども

　製作の時間、子どもたちはハサミを使って、動物の形に紙を切っていました。サトシくん（４歳）は、少し不器用で、ハサミを使うことが苦手です。動物の形の線に沿って慎重に切っていますが、時間がかかっています。サトシくんは、イライラしながら保育者に「やりたくない」とつぶやきました。保育者は少し切れているところを指さし、「でも、こんなに切ることができたね。すごいね」と言いました。

　後日、サトシくんの保護者からの話では、最近、サトシくんがハサミで車や動物の形に切って遊ぶようになったとのことでした。

①保育者の対応の意図を考えましょう。

②サトシくんのように、自信をなくしている子どもに対して保育者はどのような対応ができるでしょうか。

【ヒント】

・事例のような声かけ以外にもできることはないか考える。

・この時期は、積極性の獲得の時期であり、のびのびと自己発揮するなかで達成感を積み重ね、「できる」という感覚が育っていく。

演習課題

上手にできない子どもとの関わり方を話し合おう

　保育所等の活動において上手にできない子どもに対し、どのような関わりをするとよいのかを話し合ってみましょう。実習などで出会った子どもを題材にするとイメージしやすくなります。なお、話し合いをする際は、以下の点に配慮しましょう。

・メンバー全員が自分の考えを話す機会をもつ。

・お互いの話を肯定的に受け止める。

　活動例を以下にあげましたが、ほかに思いつくものがあれば、それについても考えてみましょう。

【例】なわとび、鉄棒、ダンスなど

13コマ目

発達の課題に応じた援助と関わり

特別な配慮を要する子どもの理解と援助

1 一人ひとり異なるすべての子どもを包み込む保育をインクルーシブ保育といい、それらの子どもに合わせて特別な配慮をすることが大切である。

2 発達障害とは脳の働きに関する障害の一つであり、その症状は、本人の努力不足や親のしつけの影響によるものではない。

3 特別な配慮を要する子どもには、発達障害の子どもだけではなく、虐待を受けた子どもや外国につながる子どもなどがいる。

1 特別な配慮を要する子どもの理解

1 特別な配慮を要する子どもとは

保育現場にはさまざまな子どもがいます。活発な子どもやおとなしい子ども、よく話をする子どもや言葉をあまり理解していないように見える子どもなど、細かく見ていけば子どもは皆違っています。また、育ってきた背景や生まれ育った地域もそれぞれ異なります。これらは子どもの個性としてとらえることができます。

しかし、子どもの個性が保育環境の許容範囲を超えてしまう場合、子どもは保育所等に適応できなかったり強いストレスを抱えたりするなど、問題が起こる場合があります。そのような子どもは「特別な配慮を要する子ども」と呼ばれ、何らかの支援が必要となります。

特別な配慮を要する子どもには、発達障害やその傾向があるとみなされる子どもなどのように、何らかの特性を抱えた子どもだけではなく、虐待を受けた子どもや、外国につながる子どもなどのように、家庭における何らかの事情を抱えた子どももいます。しかし、そのような特性や事情がなかったとしても、子ども自身が何らかの困りごとを抱えているのであれば、特別な配慮が必要ということになります。

2 インクルーシブ保育

特別な配慮とはどのような配慮でしょうか。これにはインクルーシブ保育という考え方についての理解が必要となります。

障害のある子どもに関する保育の形態は、分離保育*から統合保育*、そしてインクルーシブ保育へと変化していきました。インクルーシブという言葉は、「包み込む」という意味です。インクルーシブ保育では、もともとすべての子どもが一人ひとり異なるのであり、そのすべての子どもが

インクルーシブ保育については、3コマ目も参照しましょう。

同じような充実した生活を送る権利をもっていると考えます。保育現場においても多様な子どもがいることを前提として、すべての子どもを包み込む保育にしていくことが求められるようになりました。

　インクルーシブ保育では、できるだけすべての子どもにとって参加しやすい活動を選びつつ、参加が難しい子どもであってもその子の気持ちに寄り添って関わっていくことが大切です。たとえば、かけっこなどの活動をする場合、どこからどこまで走るのか、どのタイミングで走るのかなどのルールをできるだけすべての子どもがわかるように、視覚的および聴覚的な手がかりをていねいに用意し、皆が参加しやすくします。そのうえで、そうした工夫があっても参加が難しい子どもの場合には、その子の気持ちに寄り添いつつ、①保育者と手をつないで一緒に走る、②かけっこはできなくても、友だちと同じ空間にいられれば目標を達成したとみなすなど、個別の配慮をしていきます。このような個別の配慮のことを「特別な配慮」といいます。

　保育において、何らかの困りごとを抱えていればそのすべての子どもが「特別な配慮」を必要としているといえますが、そのなかでも、障害や家庭環境等における事情などのある子どもは、特別配慮が必要になりやすい子どもでもあります。したがって、これ以降は、発達障害の子ども、障害以外の特別な配慮を要する子どもについて見ていきます。

2　発達障害の子どもの理解

1　発達障害とは

　発達障害とは、脳の働きに関する障害の一つです。知的機能が全般的に遅れているわけではないものの、その知的機能を構成する個々の能力について何らかの偏りがあるために学習や対人関係などに困難を抱えやすくなります。発達障害の子どもは、見た目では障害があるとわかりにくく、定型発達の子ども*との明確な境界線がないのが特色です。概念としてはまだ歴史が浅く、研究が進むにつれその名称も変化しています。現在は、発達障害は大きく分けると、図表14-1のように分類されます。

2　自閉スペクトラム症

　自閉スペクトラム症（ASD）とは、人との関わりに関する社会的コミュニケーションの障害と、想像力の欠如や強いこだわりなどを主症状とする発達障害です。知的発達の遅れをともなう場合もあれば、そうでない場合もあります。図表14-2に、自閉スペクトラム症の子どもに見られる特性の一部を紹介します。ただし個人差があります。

　自閉スペクトラム症の子どもが社会的コミュニケーションの障害をもつ理由として、心の理論の獲得が難しいことがあげられています。心の理論とは他者の心の状態や考えを推測できることであり、他者の立場に立って

📖 語句説明

定型発達の子ども

→発達障害などをもたない、通常の発達をする子どものこと。

14
コマ目

特別な配慮を要する子どもの理解と援助

🗨 プラスワン

スペクトラム

虹の色のように少しずつ異なる色が続いた連続体のこと。自閉スペクトラム症も、それぞれの特性がスペクトラムとなっており、特定の症状が強く現れる子どももいれば、ほとんど目立たない子どももいる。

●図表14-1　発達障害の特性

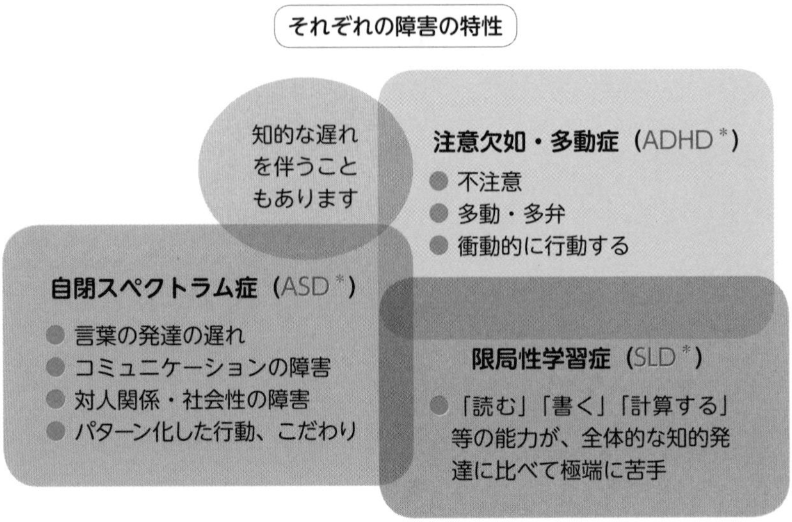

出典：厚生労働省ホームページ「発達障害の理解のために」(https://www.mhlw.go.jp/seisaku/17.html 2020年10月22日確認)を一部改変

物事を考えるための基礎的な力といえます。なお、心の理論の獲得の有無を調べるために考案された誤信念課題＊により、定型発達の子どもでは、４歳ごろに心の理論が獲得されることがわかっています。

また、自閉スペクトラム症の子どもでは、他者と物事を共有する状態を指す共同注意＊や三項関係が成立しにくく、このことも社会的コミュニケーションの障害に関わっていると考えられています。

自閉スペクトラム症の子どもには、どのような配慮が必要でしょうか。たとえば、自閉スペクトラム症の子どもは一人遊びを好み、集団に参加しにくいことがあります。これに対し保育者は、一人遊びをしていてもよいので、友だちと同じ空間にいてお互いの遊びに興味をもてる機会をつくるなど、個別の配慮を行うとよいでしょう。また、急な予定の変更があった場合に、極度に不安になることがあります。そのため、活動の変更があるときはできるだけ早く本人に伝え、不安を和らげる必要があります。

3　注意欠如・多動症

注意欠如・多動症（ADHD）とは、不注意と多動・衝動を主症状とする障害です。注意欠如・多動症の子どもは、一見すると落ち着きがない自分勝手な子ども、努力をしない子ども、親のしつけがきちんとなされていない子どもなどと誤解を受けやすくなります。そのため、子どもは、自分自身を理解されないことによる二次障害＊を引き起こしたり、親は子どもに対して過度に厳しいしつけをするというような問題が起こることがあります。図表14-3に、注意欠如・多動症の子どもの行動特徴の一部を紹介します。ただし個人差があります。

注意欠如・多動症の子どもは、身勝手でわがままな子どものように見ら

語句説明

ASD

→Autistic Spectrum Disorderの略。

ADHD

→Attention Deficit Hyperactivity Disorderの略。

SLD

→Specific Learning Disabilitiesの略。

重要語句

誤信念課題

→代表的なものに、サリー・アン課題がある。この課題は、「①サリーが自分のバスケットにボールを入れて立ち去る。②サリーがいない間に、アンがそのボールを箱に移し替える」という話を子どもにしたのち、戻ってきたサリーが、バスケットと箱のどちらを先に探すのかを問う。サリーの心の状態を推測できれば、ボールが移し替えられたことを知らないため、「バスケット」と答えることができる。

共同注意

→驚いたり喜んだりするときに、その対象を指さして保護者と共有すること。

プラスワン

三項関係

自分と相手、対象物の３つの関係が成り立っていること（➡13コマ目参照）。

●図表14-2　自閉スペクトラム症の子どもの行動特徴

【社会的コミュニケーションの障害】
・身ぶりや表情などでのやりとりが乏しい
・オウム返し・ひとりごとが多い
・言葉がコミュニケーションの手段になりにくい
・仲間関係に関心がない、仲間との関係づくりが難しい
・状況や相手に応じた行動が難しい
・視線が合わない
・人見知りが強い、あるいは人見知りがまったくない
・コマーシャルなどの内容をそのまま反復して言う

【限定された反復的行動、興味、活動】
・並べる、飛び跳ねる、くるくる回るなど同じ行動を繰り返す（常同行動）
・順番、位置、道順、食べ物などに極端にこだわる
・興味が極端に限定されており、特定のものへの知識が豊富
・感覚への過敏さと鈍感さ（光、音、声などへの過敏さ。痛み、暑さ、寒さへの鈍感さなど）
・特定の感覚への強い興味（肌触り、においなど）

プラスワン

注意欠如・多動症のタイプ

注意欠如・多動症には、不注意が目立つ「不注意優位型」、多動・衝動が目立つ「多動・衝動優位型」、いずれの症状も強く現れる「混合型」がある。注意欠如・多動症では、「混合型」が最も多い。

重要語句

二次障害

→発達障害などによって起こる失敗や挫折と周囲の不適切な対応の繰り返しから、感情や行動にゆがみが生じて起きる、後天的な不適応症状のこと。二次障害は、反抗・攻撃的行動、非行、不安障害、強迫性障害などさまざまな形で現れる。二次障害のほうが、もともともっていた障害以上に深刻な問題になることも多い。

14 コマ目

特別な配慮を要する子どもの理解と援助

れがちですが、脳の働きによって身体がいつの間にか動いてしまっている状態です。本人だけの努力ではどうしてもコントロールが難しいため、特別な配慮が必要となります。

　注意欠如・多動症の子どもには、どのような配慮が必要でしょうか。たとえば、座っていなければならない場面で立ち歩いてしまう子どもであれば、少しであっても座っているときに褒める、立ち歩いてできる役割を与える、少し歩いたらまた座るなどのルールを決めることなどが考えられます。また、友だちを攻撃してしまうなどの行動がある場合、頭ごなしに叱るのではなく、本人の気持ちを聞き、どのようにすればよかったのかを一緒に考えることも大切です。

●図表14-3 注意欠如・多動症（ADHD）の子どもの行動特徴

【不注意】
・忘れ物が多い
・物事を順序立ててできない
・勉強や遊びに集中できない（気が散りやすい）
・最後までやり遂げられない
・話が聞けない

【多動・衝動】
・座っているべきときにじっとしていられない
・突発的に動く、急に声を出す
・順番を守らない、邪魔をする
・かんしゃくを起こしやすい

4 限局性学習症

　限局性学習症（SLD）とは、全般的な知的発達に比べて、聞く、話す、読む、書く、計算する、推論するなどの特定の能力の習得と使用に著しい困難がある状態です。それらの能力のどこに困難があるかは一人ひとり異なりますが、得意な部分と苦手な部分の差が大きいという特徴があります。特に苦手な部分については、努力によって身につけられる範囲を超えているため、それを鍛えようとするよりは、得意な部分を使って苦手な部分を補うことが大切です。

　幼児期から何らかの症状はもっているものの、実際に限局性学習症であると疑われるのは、学童期*に、国語や算数などの教科授業に遅れが見られるようになってからのことが多いといわれています。

　図表14-4に、限局性学習症の子どもに見られる代表的な障害を紹介します。ただし、これらのうち、複数の障害があることも多くあります。

　限局性学習症の子どもの症状は乳幼児期ではあまり目立つような問題がみられませんが、早期に子どもの抱える問題に気づくことにより、学童期以降のスムーズな支援に結びつけることができます。

語句説明

学童期
→小学校に就学している時期であり、6歳ごろから12歳ごろを指す。

●図表14-4　限局性学習症の子どもにみられる代表的な障害

・読字障害……文字、単語、文章などを読むことの困難さがある
・書字障害……文字、単語、文章などを書くことに困難さがある
・算数障害……数の概念や数学的推論に困難さがある

　保育者は、子ども自身が診断されるまでは子どもを発達障害だと決めつけるようなことをしてはいけませんが、限局性学習症の症状に関わるような特性が乳幼児期に見られるのであれば、子どもが活動に参加しやすくなるように配慮するとともに関係機関と連携できるように、子どもの特性について記録しておくことも重要です。たとえば次のような情報は、子どもが小学校にあがるときに、就学先に伝える情報として有益です。

・聞いたり話したりすることに何らかの難しさがあったり、ほかの子どもに比べてワンテンポ遅れて行動する。
・文字・数字・図形などの認識や描画などに何らかの困難さがある。

3 障害以外の特別な配慮を要する子どもの理解

1　虐待を受けた子ども

　児童虐待は、子どもの心身の発達に大きな影響を与えるだけでなく、最悪の場合には死に至ることもあります。早期に発見し、対応していくことが求められます。児童虐待には次の4つがあります。

14
コマ目

特別な配慮を要する子どもの理解と援助

179

出典：厚生労働省ホームページ「児童虐待の定義と現状」（https://www.mhlw.go.jp/
stf/seisakunitsuite/bunya/kodomo/kodomo_kosodate/dv/about.html 2020年
10月22日確認）をもとに作成

重要語句

面前DV

→子どもの目の前で配偶者などに対して暴力をふるうこと。

プラスワン

虐待の特徴

身体的虐待が最も発見されやすいが、複数の虐待が重なっていることが多い。また、身体的虐待以外の虐待は発見されにくいが、子どもに対して深刻な影響を与える。

虐待は子どもの発達にどのような影響を与えるでしょうか。身体的には、生命の危機や身体発育の問題が生じてきます。また、心理的には、養育者との間に形成されるべき愛着の問題を抱えやすくなり、その結果、他者に対して過度に警戒的な態度をとる抑制型愛着障害や、過度になれなれしくなる脱抑制型愛着障害となる場合があります。

児童虐待は早期に発見することが大切です。保育者は、日ごろから子どもに関わるため、子どもや保護者の不自然な様子にいち早く気づくことができます。たとえば、不自然なけがやあざがある、着替えをしたがらない、着ている服がいつも同じ、いつもお腹を空かせている、気分の変動が激しい、保護者に対して怯えている様子がある、などです。

また、児童虐待の要因として、保護者が育児不安や経済的不安を抱えていたり、精神疾患や何らかの障害がある場合などがあります。児童虐待を未然に防ぐためにも、保護者に対する支援が不可欠といえます。

2　貧困家庭の子ども

貧困家庭について、どのような状態を想像するでしょうか。食べるものがない、住むところがないといった状態を想像するかもしれません。生活そのものが成り立たず、生命が脅かされるような貧困を「絶対的貧困」といいます。それに対し、ある国や地域社会の平均的な生活水準に比べて所得が著しく低く、標準的な生活様式や活動に参加できない状態を「相対的貧困」といいます。

日本では、基本的に最低限度の生活*が保障されているため、むしろ相対的貧困の状態にある家庭の子どもが問題となります。日本における子どもの貧困の背景には、ひとり親家庭の場合や子育て世代における非正規雇用率の高さ、税金・社会保障費の負担の重さ、児童手当などの社会保障給付の薄さがあげられます。また、子育てや教育を家族に依存する社会であることも影響しています。

たとえば、貧困が子どもに与える影響として、次のものがあります。

重要語句

最低限度の生活

→「日本国憲法」第25条において規定されており、すべての国民が最低限度の生活を保障されることとなっている。生活保護などはその具体的な施策の一つである。

・病気やけがをしても病院に行けない。
・朝食の欠食が多かったり、栄養が偏ったりしている。栄養バランスのとれた食事は、1日のうちで給食のみ。
・動物園や遊園地などで遊ぶ経験が少ない。
・まわりの子どもが当たり前にもっている物をもつことができない。
・親が深夜まで働いているため子どもだけの時間が長く、保健衛生などの知識や生活習慣が身につかない。
・低所得・不安定就労の保護者以外の大人を知る機会が少なく、貧困の世代間連鎖を生む要因となる。
・貧困は子どもの主観的な幸福感を低め、自尊感情を奪ったり、将来への希望や学ぶ意欲を失うことにつながる。

　貧困家庭の子どもに対してはどのような支援ができるでしょうか。保育者として子どもにできる支援には、子どもの健やかな成長発達を促すため基本的生活習慣を育てる、大切にされているという感覚をもたせる、社会的・文化的体験の不足を補う遊びや活動を取り入れるなどがあります。
　また、保護者に対しては、保護者同士のつながりをつくったり多様な立場の職員が関わったりするなどして、多くの人に支えられていると感じることのできる環境や、いつでも相談できる体制をつくることがあげられます。

3　ひとり親家庭の子ども

　ひとり親家庭には、母子家庭と父子家庭があります。ひとり親家庭では、親が仕事でいない間子どもは一人でいることになります。園においては、保護者がなかなか迎えに来ることができないこともあり、寂しい思いをする子どもに対して寄り添った関わりが必要になります。
　ひとり親家庭は、両親がいる家庭に比べると貧困率がはるかに高くなります。また、父子家庭に比べると母子家庭のほうが所得が低くなる傾向にあり、日本では、ひとり親家庭の大部分は母子家庭にあたるため、ひとり親家庭の子どもが抱える問題は、貧困家庭の子どもが抱える問題と重なる部分も多くなります。

4　ステップファミリー

　ステップファミリーとは、夫婦の一方または双方が再婚のため、血のつながらない親子関係が含まれている家族のことです。ステップファミリーにはさまざまな形があり、夫婦の一方に連れ子がいる場合もあれば両方にいる場合もあります。また、過去の配偶者との別れが離婚なのか死別なのか、子どもの年齢や性別などによる違いもあります。
　血のつながらない親子や兄弟・姉妹、義理の祖父母との関係に対して子どもも親も悩み、ストレスを抱えることが多くなります。たとえば、図表14-5のような悩みが生じます。

●図表14-5　ステップファミリーが抱える悩み

・以前の家族を失ったり、住む場所や状況の大きな変化により、喪失感をもってスタートする。
・2つの家族の生活習慣の違いがある。
・子どもにとっては、再婚は親が勝手に決めたことであり、それが大きなストレスになっていることがある。
・親にとっては、血のつながらない子どもの気持ちが実の親に向いており、なかなか理解し合えない状況になることがある。
・相手の子どもが離別の場合、実の親との定期的な面会交流があることもあり、元の家族との関係が続いている。
・夫婦の双方に子どもがいる場合、大家族になることで家事や育児の負担が増えるとともに、状況によっては経済的負担も大きくなる。

　このほか、日本ではステップファミリーに対する認知度は低く、周囲からの理解が得られなかったり、専門の相談窓口がなかったりするなどの問題もあります。
　保育者は、ステップファミリーの家庭では子どもも保護者もストレスを抱えやすいことを理解し、子どもの気持ちに寄り添った関わりをするとともに保護者の悩みにも寄り添い、理解してもらえていると感じられるように関わっていくことが求められます。

5　外国につながる子ども

　外国につながる子どもというと、母語が外国語であり、日本語があまりわからない子どもの問題ばかりを想像されるかもしれません。しかし、実際には子ども側だけではなく保護者が日本語がわからない場合や、言葉以外にも文化の違いがある場合もあり、以下のような問題が起こることがあります。

・子どもが日本語の理解が不十分であり、言葉だけでは活動の内容を十分に伝えられない場合がある。
・連絡帳などをとおして保護者に伝えようとしても、保護者が日本語を理解できず、製作などに必要な物をもってこなかったり、保護者会や行事などに保護者が参加できなかったりすることがある。

・日本の文化ではやってはいけなかったりおかしいと思われてしまう
ような行動を、当たり前のようにしてしまう。

　言葉があまり伝わらないために、何をしたらよいかわからない状態が続
くと子どもはストレスを抱え、落ち着きがなくなったりするなど、発達障
害の子どもに似た行動をとる場合もあります。その場合、写真やイラスト
などを工夫して、言葉以外の手段でも理解できるように配慮することが大
切です。

　保護者に対しては、できる限り**母語に合わせた言葉**で連絡をするととも
に、連絡事項が伝わらない場合を想定した対応もします。たとえば、製作
で必要なものがあるならば、子どもがもってきていなくても活動できるよ
うに、予備の材料を用意しておきます。

おさらいテスト

❶ 一人ひとり異なるすべての子どもを包み込む保育を ［　　　］ といい、
　それらの子どもに合わせて特別な配慮をすることが大切である。

❷ ［　　　］ とは、脳の働きに関する障害の一つであり、その症状は、本
　人の努力不足や親のしつけの影響によるものではない。

❸ ［　　　］ には、発達障害の子どもだけではなく、虐待を受けた子ども
　や外国につながる子どもなどがいる。

📋 プラスワン

母語に合わせた言葉

自治体等から支援が
ある家庭なら、自治体
等との連携により通訳
を紹介してもらえる場
合があるが、実際に
は、各園において、イ
ラストやジェスチャー
でやりとりをしたり、
スマートフォンの翻訳
機能を使ったりしてコ
ミュニケーションをと
ることも多い。

---

14 コマ目

特別な配慮を要する子どもの理解と援助

インクルーシブ保育のためのアイデアを考えてみよう

　以下の例を参考に、障害のある子どもがいるクラスにおける、インクルーシブ保育のためのアイデアを考えてみましょう。

【例】

・その日の活動の流れがわからず、落ち着きがなくなってしまう子ども。

・教室内の目立つところに、その日のスケジュールをイラストと文字で示しておく。対象児が登園したら、最初にそのスケジュールを確認する。

・ほかの子どももその日の流れを自由に確認できるため、わからなくなってもスムーズに活動に参加できる。

①どのような子どもを対象としていますか。

②どのような工夫をしていますか。

③その工夫は、ほかの子どもにとってどのような影響がありますか。

演習課題

発達障害のある子どもが安心して過ごせる工夫を考えよう

以下の事例を読んで、①、②について考えてみましょう。

事例　こだわりが強い子ども

　年中児のひろくん（4歳）。言葉の理解がやや難しく、曖昧な説明や口頭のみの説明の理解が難しいようです。こだわりが強く、園の活動の流れや物の位置などがいつもと同じだと安心して楽しく過ごすことができますが、活動がいつもと異なっていたり、物の位置が変わっていたりすると、落ち着きがなくなったり、「あーあー」と声をあげたりします。ある日、親子参加の行事が予定されることになり、保育者はひろくんがうまく参加できるか不安を感じています。

①保育者の立場になったとき、どのような配慮をしますか。

②その配慮は、ほかの子どもたちにとってどのような影響がありますか。

事例をもとに話し合ってみよう

以下の事例について、保育者としてどのような関わりをするとよいのかを話し合ってみましょう。その際、下記のポイントを押さえて考えてみましょう。

- 事例からわかる範囲で、子どもの行動の理由を明確にする。
- その理由を踏まえて、子どもにどのような関わりをするのかをあげる。

事例 **すぐにトラブルになってしまう子ども**

年長児のこうたくん（6歳）。特に診断は受けていませんが、気になる行動が目立ちます。ちょっとしたことで他児に手を出したり、相手の嫌がる言葉を言ってしまいます。また、冗談で言われたことでも逆上して怒り出したり、自分が一番でないと気がすまず、騒いでしまいます。保育者の話を把握できていないようで、聞き間違いや忘れ物が多く、全体的にとげとげしくなっています。

演習課題

外国につながる子どもとその保護者について話し合ってみよう

　外国につながる子どもとその家庭に対して、どのような支援が必要でしょうか。小グループで話し合ってみましょう。なお、話し合いをする際は以下の点に配慮しましょう。
・メンバー全員が自分の考えを話す機会をもつ。
・お互いの話を肯定的に受け止める。
　また内容を具体的に話し合えるように、子どもの出身国を決めてから話し合いましょう。言葉だけでなく、習慣、文化などの違いにも配慮しましょう。
【例】中国、フィリピン、ベトナムなど

①子どもに対する支援

②保護者に対する支援

14
コマ目

特別な配慮を要する子どもの理解と援助

発達の連続性と就学への支援

今日のポイント

1 子どもの発達の連続性を意識することが大切である。

2 小学校への移行が段差なくスムーズにできるよう配慮する。

3 保育所・幼稚園・幼保連携型認定こども園と小学校とが連携して、子どもの就学を支援する。

1 発達の連続性

1 発達の連続性とは

　人は、過去からの積み重ねによって、身体的にも精神的にも発達していきます。小さな子どもが急に大人になるわけではありません。ハイハイをしていた子どもが次の日に急に走れるようになるわけではありません。発達とは過去からの積み重なった連続性をもつ変化です。

　たとえば、言葉を話せるようになるプロセスも、乳児のころから繰り返し言葉にふれ、徐々に言葉の基礎が蓄積されるとともに発声器官ができてくることで、クーイング*、喃語*、一語文*、二語文*へと育っていく連続性をもった変化です。また、小さいときは、自分のやりたいことを我慢できなかった子どもが、自我が芽生え、自己と他者を区別できるようになり、自己主張をしながらも他者との関わりをとおして自己抑制を身につけていくといったプロセスにより、徐々に我慢する力を身につけていくこと

●図表15-1　発達の連続性

	二語文	複雑な文	
喃語	初語	一語文	
クーイング	発声器官の育ち	言葉の蓄積	

重要語句

クーイング

→生後1か月ごろからの「アー」といった、のどを鳴らすような音声。

喃語

→生後4か月ごろに現れる1音節の音声。

一語文

→1歳ごろの子どもが発する意味のある単語（「マンマ」など）。

二語文

→1歳半ごろの子どもが発する2つの単語による話し言葉（「ワンワン　キタ」など）。

も発達の連続性です（図表15‐1）。

　このように、人は過去から未来にわたる連続性のうえに生きています。子どもの発達を考えるときも、そうした連続性の視点が重要です。

2　3つの視点から5領域および育ってほしい姿へ

　「保育所保育指針」では、年齢ごとに保育のねらいや内容を定めています。具体的には、1歳未満である乳児期では、「健やかに伸び伸びと育つ」「身近な人と気持ちが通じ合う」「身近なものと関わり感性が育つ」の3つの視点となっています。1歳以上3歳未満の幼児期前期と3歳以上の幼児期後期では、「健康」「人間関係」「環境」「言葉」「表現」の5領域となっていて、これらは「幼児期の終わりまでに育ってほしい姿」へとつながっています。したがって、乳児期の3つの視点、幼児期の5領域、幼児期の終わりまでに育ってほしい姿は、図表15‐2のように発達の連続性をもったものであることを理解しましょう。

●図表15‐2　3つの視点から5つの領域、育ってほしい姿へ

乳児期 1歳未満	幼児期前期 1歳〜3歳未満	幼児期後期 3歳以上	幼児期の終わりまでに 育ってほしい姿
健やかに伸び伸びと育つ	健康	健康	【健康な心と体】
身近な人と気持ちが通じ合う	人間関係	人間関係	【自立心】【協同性】【道徳性・規範意識の芽生え】【社会生活との関わり】
身近なものと関わり感性が育つ	環境	環境	【思考力の芽生え】【自然との関わり・生命尊重】【数量や図形、標識や文字などへの関心・感覚】
身近な人と気持ちが通じ合う	言葉	言葉	【言葉による伝え合い】
身近なものと関わり感性が育つ	表現	表現	【豊かな感性と表現】

　このように、それぞれの年齢で目標としていることであっても、それは将来へと向かう連続性をもっており、保育者はその連続性を意識して保育に取り組むことが大切です。たとえば、乳児期において、「身近な人と気持ちが通じ合う」ことは、幼児期では「人間関係」を学ぶことにつながり、幼児期の終わりごろにおける「自立心」や「規範意識」などへとつながっていきます。すなわち、自立心などが育つためには、乳児期からの「身近な人と気持ちが通じ合う」という土台があり、そこから積み重なってできるということを意識することが大切です。

3　児童期から学童期につながる遊びと学習

　「学び」とは、学校などで行う勉強だけを意味するのではありません。

子どもにとっては遊びが学習の場であり、遊びのなかで得られるさまざまな体験や経験が学習につながっていきます。つまり、遊びは学習の基盤です。「体験」「思考」「自主」「創造」「個性」「協同」の要素が含まれた遊びをとおして、基礎的な生活技術を学んでいきます。

　失敗や成功、心を揺さぶられる感動、協同のなかで、充実感や達成感、ときには葛藤やくやしい気持ちなど、さまざまな感情が子どもの心理的な発達につながっていきます。試行錯誤し、新たな経験を積み重ねることも学習です。「不思議だな」「なぜだろう」「何かな」「知りたい」「試したい」などといった感情が探求心をかき立て、学びが積み上がっていきます。

　子どもは、既存の体験や知識をもとにして考えるため、実体験が少ないと広く深い学びにはつながりません。6歳までは遊び、7歳からは勉強といったようにはっきりと線引きできるものではなく、発達の連続性のなかで遊びから学習へつながっているのです。

■4■ 連続の段差

　子どもは連続性のうえで生きているにもかかわらず、保育所・幼稚園・認定こども園から小学校への連携においては、その連続性が途切れることがあります。

　小学校には、それぞれ異なる保育所・幼稚園・認定こども園で教育や保育を受けてきた子どもたちが集まってきます。なかには、外国からきた子どもがいる場合もあります。そのため、人間関係も集団の形成も複雑になり、難しくなります。また、学習面においても、興味・関心に合わせて好きなことをしていればよいというわけにはいきません。算数、国語、体育などの教科に分かれて、時間を区切って学習することになるため、苦手なことにも必ず取り組まなければなりません。それまで自由に遊んでいた子どもが、45分間座って学習をするという劇的な変化に強いストレスを感じることもあります。これは、本来、子どもの発達が連続性をもつものであるにもかかわらず、子どもに要求する教育内容が突然の変化をもつ不連続なものになっているためと考えられるでしょう。こうしたことを背景として、小1プロブレム*が問題となっています。

■ 重要語句

小1プロブレム

→小学校1年生の学級において、授業中、席に座っていられない、先生の話が聞けない、感情と行動のコントロールができない子どもが増え、授業が成立せず、学級崩壊になって混乱する状況が見られるようになった。1990年後半ごろから指摘されるようになり、このような問題行動が生じる背景にはさまざまな要因が考えられるため、即効性のある対処は難しいといえる。

このように、環境が大きく変化するときに子どもの発達を支えるためには、保育者が、保育所・幼稚園から小学校への一貫した流れを保ち、滑らかな接続ができるよう配慮する必要があります。また、子どもが自分でこの段差を乗り越える力をつけることも重要です。そのために保育者は、子どもの能力や個性を尊重しつつ発達の連続性を意識して、子どもが多様な経験を積めるように配慮していくことが大切です。

2　保育所・幼稚園・幼保連携型認定こども園から小学校への連携

　保育者は、幼児教育と学校教育の違いを知っておくと同時に、発達の連続性を意識し、保育所等での生活や育ちが小学校の学習や教育につながっているということを念頭におく必要があります。

　保育所、幼稚園、認定こども園はそれぞれ異なる施設ですが、「幼児期の終わりまでに育ってほしい姿」という共通の考えをもっています。「保育所保育指針」「幼稚園教育要領」「幼保連携型認定こども園教育・保育要領」のそれぞれにおける小学校との連携について見ていきましょう。

1　保育所から小学校への連携

　「保育所保育指針」第2章4「保育の実施に関して留意すべき事項」には、以下のように記述されています。

（2）小学校との連携
ア　保育所においては、保育所保育が、小学校以降の生活や学習の基
　　盤の育成につながることに配慮し、幼児期にふさわしい生活を通じ
　　て、創造的な思考や主体的な生活態度などの基礎を培うようにする
　　こと。
イ　保育所保育において育まれた資質・能力を踏まえ、小学校教育が
　　円滑に行われるよう、小学校教師との意見交換や合同の研究の機会
　　などを設け、第1章の4の（2）に示す「幼児期の終わりまでに育っ
　　て欲しい姿」を共有するなど連携を図り、保育所保育と小学校教育
　　との円滑な接続を図るよう努めること。
ウ　子どもに関する情報共有に関して、保育所に入所している子ども
　　の就学に際し、市町村の支援の下に、子どもの育ちを支えるための
　　資料が保育所から小学校へ送付されるようにすること。

　「ア」に示されるように、保育所における保育は小学校以降の生活や学習につながっていく連続性をもつものです。したがって、保育所から小学校への移行が円滑になるよう、幼児期にふさわしい保育を行うことが大切です。特に保育所保育において、創造的な思考や主体的な生活態度など

重要語句

全体的な計画

→「保育所保育指針」
第1章3（1）「全体的
な計画の作成」に示さ
れている。子どもや家
庭の状況、地域の実
情、保育時間などを考
慮して、組織的・計画
的に構成される計画
である。全体的な計
画は保育所保育の全
体像を包括的に示す
ものであり、これに基
づいて、指導計画、保
健計画、食育計画等
が立てられる。

の基礎を培うことが重要であり、子どもの好奇心や探求心、問題解決能力、豊かな感性を発揮できるように、**全体的な計画**＊を作成していきます。

　保育所では、計画的に環境を構成し、遊びを中心とした生活をとおして体験を重ねていきます。それに対し小学校では、時間割に基づき、各教科の内容を教科書などを使って学習していきます。そのため、保育所と小学校では、子どもの生活や教育の方法が異なります。

　「イ」にあるように、子どもの発達と学びの連続性を確保するために、「幼児期の終わりまでに育ってほしい姿」を手がかりに、保育所の保育士と小学校教諭が意見交換などを行い、子どもの成長を共有することが大切です。

　「ウ」に示されるように、保育所から小学校へと情報共有のための資料が送付されます。この資料のことを保育所児童保育要録といいます。保育所児童保育要録は、保育所に入所しているすべての子どもに対して作成されます。保育所では、保育における援助の視点や配慮を踏まえ、子どもの育ちの姿を記録していきますが、保育所児童保育要録は、小学校においてその子どもの理解を助け、保育所から小学校へと連続性をもたせるためにその記録を資料として簡潔にまとめたものとなっています。なお、厚生労働省による保育所児童保育要録の様式例では、基本的な個人情報のほか、保育の過程と子どもの育ちに関する事項、最終年度に至るまでの育ちに関する事項を記載します。

2　幼稚園から小学校への連携

　「幼稚園教育要領」第1章第3「教育課程の役割と編成等」には、以下のように記述されています。

　5　小学校教育との接続に当たっての留意事項
（1）幼稚園においては、幼稚園教育が、小学校以降の生活や学習の基
　　盤の育成につながることに配慮し、幼児期にふさわしい生活を通し
　　て、創造的な思考や主体的な生活態度などの基礎を培うようにする
　　ものとする。
（2）幼稚園教育において育まれた資質・能力を踏まえ、小学校教育が
　　円滑に行われるよう、小学校の教師との意見交換や合同の研究の機

> 会などを設け、「幼児期の終わりまでに育ってほしい姿」を共有するなど連携を図り、幼稚園教育と小学校教育との円滑な接続を図るよう努めるものとする。

「幼稚園教育要領」では、幼稚園は学校教育の一環として幼児期にふさわしい教育を行うものであり、その教育が小学校以降の生活や学習の基盤になるということが示されています。

幼児は、幼稚園から小学校に移行していくなかで突然違った存在になるわけではありません。発達や学びの連続性を踏まえて、その移行が円滑なものとなるよう配慮する必要があります。しかし、誤解してはならないのが、小学校のはじまりを幼稚園のようにするということではないことと、幼稚園において小学校の先取り教育を行うわけではない、ということです。幼稚園においては、就学前までの幼児期にふさわしい教育を行うことが重要です。

幼稚園で体験したこと一つひとつが小学校の教科での学びにつながっていきます。そういった意味では、幼稚園においては学びの道筋をつけるための幼児期にふさわしい生活をさせることが重要になります。そのためにも、幼稚園教諭は、小学校教諭との意見交換や合同研究の機会などを設け、子どもの育ちについて共有することが大切です。その際、「幼児期の終わりまでに育ってほしい姿」を踏まえて、幼稚園と小学校との円滑な接続に努めていきます。

保育所が保育所児童保育要録を小学校に送付するのに対し、幼稚園からは幼稚園幼児指導要録を小学校に送付します。これは、一人ひとりの子どもについて幼稚園と小学校が情報の共有をするために、「幼稚園ではこのような育ちでした、このような教育をしてきました」ということを伝えるものです。なお、文部科学省による幼稚園幼児指導要録の様式例では、基本的な個人情報のほか、指導の重点、指導上参考となる事項を記載します。保育所児童保育要録と項目の名称は異なりますが、記載する内容に大きな違いはありません。

3　幼保連携型認定こども園から小学校への連携

認定こども園は、保育所と幼稚園の両方の特長を併せもつ施設で、幼保連携型、幼稚園型、保育所型、地方裁量型があります。ここでは、幼保連携型認定こども園における「幼保連携型認定こども園教育・保育要領」について見ていきます。なお、幼稚園型認定こども園は「幼稚園教育要領」、保育所型認定こども園は「保育所保育指針」に基づくこととなっています。

「幼保連携型認定こども園教育・保育要領」第1章第2「教育及び保育の内容並びに子育ての支援等に関する全体的な計画等」には、以下のように記述されています。

プラスワン

認定こども園の機能

認定こども園の機能には、①保護者が働いている、いないにかかわらず、就学前の子どもを受け入れて、幼児教育・保育を提供する、②地域におけるすべての子育て家庭を対象に、子育て不安に対応した相談活動や、親子の集いの場を提供するなどがある。

地方裁量型認定こども園

地方裁量型は、幼稚園・保育所いずれの認可もない地域の教育・保育施設が認定こども園となったものである。主に、認可外保育施設が自治体に認可されたケースが多い。

> 1　教育及び保育の内容並びに子育ての支援等に関する全体的な計画の作成等
>
> （前略）
>
> （5）小学校教育との接続に当たっての留意事項
>
> ア　幼保連携型認定こども園においては、その教育及び保育が、小学校以降の生活や学習の基盤の育成につながることに配慮し、乳幼児期にふさわしい生活を通して、創造的な思考や主体的な生活態度などの基礎を培うようにするものとする。
>
> イ　幼保連携型認定こども園の教育及び保育において育まれた資質・能力を踏まえ、小学校教育が円滑に行われるよう、小学校の教師との意見交換や合同の研究の機会などを設け、「幼児期の終わりまでに育ってほしい姿」を共有するなど連携を図り、幼保連携型認定こども園における教育及び保育と小学校教育との円滑な接続を図るよう努めるものとする。

　小学校との接続については、幼保連携型認定こども園も、保育所や幼稚園と同様の配慮が必要です。子どもの発達や学びは連続しているため、幼保連携型認定こども園の子どもの乳幼児期にふさわしい教育および保育を行うことが大切です。

　また、幼保連携型認定こども園と小学校では、子どもの生活や教育の方法が異なります。子どもの発達と学びの連続性を確保するため「幼児期の終わりまでに育ってほしい姿」を手がかりに、幼保連携型認定こども園の保育教諭*と小学校教諭が意見交換などを行い、子どもの成長を共有することが大切です。

　幼保連携型認定こども園では、保育所児童保育要録や幼稚園幼児指導要録に対応する資料のことを「幼保連携型認定こども園園児指導要録」といいます。幼保連携型認定こども園園児指導要録は、一人ひとりの子どもについて情報の共有をするために、幼保連携型認定こども園から小学校に送付される資料となっています。なお、内閣府による幼保連携型認定こども園園児指導要録の様式例は、幼稚園幼児指導要録の様式例と同じ内容となっています。

4　小学校教育との接続について

　従来は子どもの交流、保育者と小学校教諭の交流、情報の共有に重点がおかれていましたが、最近では、カリキュラムの接続を重視するようになりました。

　そのため、保育所・幼稚園では、小学校を見通した教育・保育の内容により一層の工夫が求められるようになっています。カリキュラムの接続を重視することは、小学校低学年で起きる授業の混乱を軽減する効果があります。特に、落ち着きがない、読むことや書くことに困難があるなど特別な配慮が必要とされるであろう子どもについての情報を共有することによ

重要語句

保育教諭

→保育士資格と幼稚園教諭免許状の両方をもち、幼保連携型認定こども園で働く職員のこと。

り、小学校における環境や教材を工夫したり関係機関との連携に早期に取り組むことができます。

　また、子どもの育ちという面では、保育所・幼稚園・幼保連携型認定こども園と小学校が連携するのみならず、家庭との連携も必要になってきます。基本的生活習慣を身につける乳幼児期には、家庭との連携が欠かせません。小学校の学習や生活に子どもがうまく移行していくためにも、保育所・幼稚園・幼保連携型認定こども園が連携し、保護者が家庭でできることを援助していく必要があります。

　なお、特別な配慮を必要とする子どもが就学する際には、必要に応じて保護者や関係機関が、子どもの発達についてそれまでの経過やその後の見通しについて協議を行います。たとえば、障害のある子どもであれば、児童発達支援センターなどの関係機関が、障害の特性だけではなく、その子どもが抱える生活のしづらさや人との関わりの難しさなどに応じた環境面での工夫や援助の配慮など支援のあり方を振り返り、明確にします。これらを踏まえて、就学に向けた支援の資料を作成するなど、保育所や児童発達支援センターなどの関係機関で行われてきた支援が、就学以降も継続していくよう留意することが大切です。

おさらいテスト

❶ 子どもの発達の［　　　］を意識することが大切である。

❷ 小学校への［　　　］が段差なくスムーズにできるよう配慮する。

❸ 保育所・幼稚園・幼保連携型認定こども園と小学校とが［　　　］して、子どもの就学を支援する。

小学校と保育所・幼稚園・幼保連携型認定こども園の違いをあげてみよう

- -

　小学校と保育所・幼稚園・幼保連携型認定こども園の違いをあげてみましょう。テーマの例として、登園・登校の方法、活動・授業の時間などがあります。

テーマ	小学校	保育所・幼稚園・幼保連携型 認定こども園

演習課題 ✏

３つの視点、５領域、育ってほしい姿について考えよう

　乳児期の「３つの視点」、幼児期の「５領域」が「幼児期の終わりまでに育ってほしい姿」へとつながっていきます。乳幼児期のどのような遊びが「育ってほしい姿」につながっていくのかを図表 15 - 2 を参考に考えてみましょう。下記の例のように、つながりのある項目を取り出し、「３つの視点」「５領域」には、どのような遊びがそれに関わっているのかをあげてみましょう。

【例】

３つの視点：身近なものと関わり感性が育つ
遊びの例：積み木を打ちつけたり、たたき合わせたり、重ねたりする。
５領域：環境
遊びの例：同じ形をしているが大きさの違う箱やカップを重ねてみたり、小さな玩具を色ごとに分けて並べたりする。
育ってほしい姿：【思考力の芽生え】【自然との関わり・生命尊重】【数量や図形、標識や文字などへの関心・感覚】

３つの視点： 遊びの例：
５領域： 遊びの例：
育ってほしい姿：

事例をもとにロールプレイをしてみよう

　以下の事例を読んで、あなたが担任だとしたらこの男児のことをどのように小学校に伝えるか考えてみましょう。また、この男児の情報を共有するとともにどのような配慮を行うことがふさわしいか、保育者と小学校教諭の役になりロールプレイをしてみましょう。

事例　集団行動が苦手な子ども

　5歳の男児。皆でする活動が苦手で、集団行動における自分の役割が理解できず一人でどこかへ行ってしまうなど、勝手な行動をしてしまいます。しかし、絵を描くことは大好きで、1日中描いていることもあり、集中力がある点も見受けられます。
　この様子では、男児が小学校で授業についていけないのではないか、学級を乱してしまうのではないか、と保育者は不安になっています。

【ロールプレイの留意点】
・保育者役1人、小学校教諭役1人
・小学校教諭役は、小学校の授業を想定し、保育者に男児の様子を質問してみましょう（例：どのくらい座っていられるか、運動はどうかなど）。
・保育者役は、小学校教諭役からの質問を想定し、自分なりに答えを用意しておきましょう（例：興味があることだったら少し座っていられるが、気が散りやすい。興味がないものだと、5分もしないうちに立ち歩いてしまう）。

演習課題 ✏

保育所児童保育要録

　　以下はある女児についての保育所児童保育要録の一部です。小学校教諭の立場に立って、この女児についてどのような情報を知りたいかを話し合ってみましょう。

保育の過程と子どもの育ちに関する事項
（最終年度の重点） 友だちと一緒に過ごすなかで相手のよさに気づき、協同する楽しさを味わう。
（個人の重点） さまざまな遊びをとおして、友だちの思いや長所に気づき、一緒に遊ぶ楽しさを感じる。
（保育の展開と子どもの育ち） ・基本的な生活習慣は自立している。 ・活発で運動を伴う遊びが好きである。仲間の中心になることも多かった。 ・机上の活動も特に問題なく取り組めるが、仲のよい友だちと隣同士になると友だちとの話に夢中になることがあった。声をかければまた活動を始めるが、今やるべきことに自分で気づけるとよい。 ・正義感が強く、友だちがふざけているとやや強い口調で注意することがあった。 ・文字に関する興味があり、年少の子に絵本を読んであげる姿がみられた。

・「最終年度の重点」は、最終年度の初めに長期の見通しとして設定したものである。
・「個人の重点」は、保育士が最終年度を振り返って、特に重視して指導した点である。
・「保育の展開と子どもの育ち」は、最終年度の子どもの姿をまとめたものである。

小1プロブレムについて話し合ってみよう

小1プロブレムを予防するために、幼児期にどのようなことができるかを話し合ってみましょう。その際、下記のポイントを押さえて考えてみましょう。

・小1プロブレムとして起こりやすい問題を明確にする。
・その問題を予防するためには、子どものどのような力を育むとよいのかを考える。
・小学校との連携の観点からも、小1プロブレムの予防について考える。

演習課題の解答例

体験型・自主学習型以外の演習課題の解答例を提示します。
自分で考える際の参考にしましょう。

演習課題 の 解答例

6コマ目の解答例

●88ページ「子どもの遊びとその関わりをやってみよう」
①何もしていない行動から平行遊びまでの子どもは、あまり関わられ過ぎると邪魔をされたような気分になる。連合遊びをしている子どもは、ほかの子どものことを考えるよりも、自分勝手に楽しく遊びたい気分になる。協同遊びをする子どもは、ルールを意識するため、ほかの子どものために我慢している気分になることがある、など。
②何もしていない行動から平行遊びまでの子どもに関わり過ぎそうになる。いかに子どもの自主性を尊重して遊ばせるかが難しい。ただ遊びを放置するのではなく、適切に関わることの難しさがある、など。
③手を出し過ぎてしまう、口を出し過ぎてしまう。一人遊びをしている子どもを、集団の遊びに引き込んであげたくなってしまう、など。

●89ページ「子どもの遊びを調べてみよう」
①お絵描き、積み木遊び、砂遊びなど、一人で夢中になっているもの。
②砂場でのお山づくり、ブロック遊び、ミニカーでの遊びなど、ほかの子どもの一人遊びを見てまねるもの。
③おままごと、ヒーローごっこなどをするが、役割分担がないもの（おままごとで全員がママなど）。
④サッカー、トランプ遊びなど、明確なルールに基づいたもの。

13コマ目の解答例

●170ページ「発達課題を踏まえた関わりを考えてみよう①」
①「基本的信頼 vs. 不信」の時期である。乳児の泣いたり笑ったりなどの愛着行動に対し、愛情豊かに応答的にこたえていくことで、乳児が信頼感を獲得できる。そのような関わりをしなかった場合、「誰も助けてくれない」などの不信感をもつことになる。
②「自律性 vs. 恥・疑惑」の時期である。自分でやろうとする気持ちを尊重しつつ、自信をもたせるような関わりをすることで、自律性が獲得されていく。しかし、失敗を過度に責めるような関わりをしてしまうと、羞恥心の感覚が強くなり、物事に挑戦する意欲が生まれにくくなる。
③「積極性 vs. 罪悪感」の時期である。適度なしつけを受けながら、思う存分に遊ぶことで、積極性を獲得することになる。その一方で、過度に厳しいしつけにより、罪悪感を覚えてしまうと、積極性を獲得できなくなる。

●172ページ「事例について考えよう」
①遅れていることを指摘するのではなく、できていることを褒める。サトシくんがうまくいっていないことに注目し過ぎているため、何ができているのかを気づかせるように伝える、など。
②できている部分に気づいたり、達成しやすい活動により、「できる」という感覚を積み重ねられるようにする。それによって、自信をもって行動できるようになっていく。そのために、子どもに合ったレベルの活動を用意したり、活動を達成しやすいように工夫をしたりする。事例の場合であれば、保育者が紙を支える、切らなければならない範囲を少なくするなどが考えらえる。

14コマ目の解答例

●185ページ「発達障害のある子どもが安心して過ごせる工夫を考えよう」

①親子参加の行事については、数日前からクラス全体に伝えるとともに、ヒロくんには個別にていねいに伝える。行事のことを伝えるときは、口頭説明だけではなく、イラストなどを使って視覚的にわかりやすくする。当日、ヒロくんが落ち着かない状況になった場合を想定して、一人で落ち着いていられる部屋をあらかじめ確保しておく、など。

②クラス全体に事前に伝えておくことで、ヒロくんだけではなく、他の子どもも安心して気持ちの準備ができる。イラストなどを使った説明は、他の子どもにとっても理解しやすい、など。

●186ページ「事例をもとに話し合ってみよう」

・おそらく本人が努力をしても、衝動的な行動をコントロールできない状況である。

・逆上しやすいのは、言葉を真に受けてしまうような特性があったり、普段から注意されることが多いため、過敏になっている可能性がある。

・話の聞きもれなど不注意な様子があるため、失敗を重ねやすくなっている。

[保育士としての関わり]

・保育所等で安心感をもって過ごせるようになるとともに、褒められる経験を増やすこと。

・失敗しやすい場面を減らせるような工夫をする（話の聞きもれがあっても大丈夫なように、視覚的に状況がわかるようにするなど）。

・少しでも気持ちをコントロールできるように、やってよいことと悪いことを事前に約束し、その約束をわずかでも守れたら褒めるなどの対応を図る。

参考文献

1コマ目

秋田喜代美監修、東京大学大学院教育学研究科附属発達保育実践政策学センター編著　『保育学用語辞典』　中央法規出版　2019年

新井邦二郎編著　『図でわかる発達心理学』　福村出版　1997年

大澤洋美・大川美和子　『３・４・５歳児の心Q&A──保育の「困った」を解決！』　学研　2017年

小田豊・神長美津子監修・解説　『３年間の保育記録──３歳児編 前・後半』　岩波映像　2000年

小田豊・神長美津子監修・解説　『３年間の保育記録──４-５歳児編』　岩波映像　2000年

鹿毛雅治・奈須正裕編著　『学ぶこと・教えること──学校教育の心理学』　金子書房　1997年

加藤繁美　『０歳～６歳 心の育ちと対話する保育の本』　学研　2012年

倉橋惣三　『育ての心　上』　フレーベル館　1976年

黒澤俊二　『本当の教育評価とは何か──子どもの力を伸ばす評価の仕方』　学陽書房　2004年

髙梨珪子・塚本美知子編著　『かかわる・育つ 子どもを見る目が広がる保育事例集』　東洋館出版社　2007年

沼山博・三浦主博編著　『子どもとかかわる人のための心理学──発達心理学、保育の心理学への扉』　萌文書林　2013年

2コマ目

秋田喜代美監修、東京大学大学院教育学研究科附属発達保育実践政策学センター編著　『保育学用語辞典』　中央法規出版　2019年

伊藤健次編　『保育に生かす教育心理学』　みらい　2008年

大豆生田啓友・大豆生田千夏　『非認知能力を育てるあそびのレシピ──０歳～５歳児のあと伸びする力を高める』　講談社　2019年

厚生労働省　「保育所保育指針解説」　2018年

高村和代・安藤史高・小平英志　『保育のためのやさしい教育心理学』　ナカニシヤ出版　2009年

中川李枝子　『いやいやえん』　福音館書店　1962年

中川李枝子　『子どもはみんな問題児。』　新潮社　2015年

保育総合研究会監修　『平成30年度施行 新要領・指針サポートブック──認定こども園教育・保育要領 保育所保育指針 幼稚園教育要領対応：全体的な計画の作成から実践まで』　世界文化社　2018年

武藤隆・汐見稔幸編　『イラストで読む！幼稚園教育要領 保育所保育指針 幼保連携型認定こども園教育・保育要領 はやわかりBOOK』　学陽書房　2017年

3コマ目

秋田喜代美監修、東京大学大学院教育学研究科附属発達保育実践政策学センター編著 『保育学用語辞典』 中央法規出版 2019年

東洋 『子どもの能力と教育評価(第2版)』 東京大学出版会 2001年

石井正子・松尾直博編著 『教育心理学——保育者をめざす人へ』 樹村房 2004年

今井和子 『0歳児から5歳児 行動の意味とその対応——見えてますか? 子どもからのシグナル』 小学館 2016年

大川繁子 『92歳の現役保育士が伝えたい 親子で幸せになる子育て』 実教教育出版 2019年

倉橋惣三 『育ての心 上』 フレーベル館 1976年

黒柳徹子 『窓ぎわのトットちゃん』 講談社 1991年

厚生労働省 「保育所保育指針解説書」 2008年

厚生労働省 「保育所保育指針解説」 2018年

佐々木正美 『子どもへのまなざし』 福音館書店 1998年

佐々木正美 『子どもの心の育てかた』 河出書房新社 2016年

次郎丸睦子・五十嵐一枝・加藤千佐子・高橋君江 『子どもの発達と保育カウンセリング』 金子書房 2000年

髙梨珪子・塚本美知子編著 『かかわる・育つ 子どもを見る目が広がる保育事例集』 東洋館出版社 2007年

竹山美奈子 『すずちゃんののうみそ——自閉症スペクトラム〈ASD〉のすずちゃんの、ママからのおてがみ』 岩崎書店 2018年

塚本美知子編著、近内愛子・永井妙子・東川則子 『子ども理解と保育実践——子どもを知る・自分を知る』 萌文書林 2013年

波多野完治 『保育する心——若い幼児教育者に語る』 小学館 1981年

平井信義 『保育者のために』 新曜社 1986年

谷田貝公昭・原裕視編集代表 『子ども心理辞典』 一藝社 2011年

谷田貝公昭編集代表 『保育用語辞典(改訂新版)』 一藝社 2019年

4コマ目

厚生労働省 「保育所保育指針解説」 2018年

柳田國男 『こども風土記』 岩波書店 1976年

ヨハン・ホイジンガ／里見元一郎訳 『ホモ・ルーデンス——文化のもつ遊びの要素についてのある定義づけの試み』 講談社 2018年

5コマ目

阿部和子 『子どもの心の育ち——0歳から3歳 自己がかたちづくられるまで』 萌文書林 1999年

阿部和子 『続 子どもの心の育ち——3歳から5歳 自己のひろがりと深まり』 萌文書林 2001年

榎沢良彦 『幼児教育と対話——子どもとともに生きる遊びの世界』 岩波書店 2018年

遠藤利彦 『赤ちゃんの発達とアタッチメント——乳児保育で大切にしたいこと』 ひとなる書房 2017年

河原紀子監修、港区保育を学ぶ会 『0歳〜6歳 子どもの発達と保育の本』 学研 2011年

厚生労働省「保育所保育指針解説」 2018年

小山朝子編著、亀﨑美沙子・善本眞弓 『講義で学ぶ 乳児保育』 わかば社 2019年

6コマ目

繁多進監修、向田久美子・石井正子編著 『新 乳幼児発達心理学——もっと子どもがわかる 好きになる』 福村出版 2010年

清水益治・無藤隆編著 『保育心理学Ⅱ』 北大路書房 2011年

7コマ目

岡本依子・菅野幸恵・塚田-城みちる 『エピソードで学ぶ乳幼児の発達心理学——関係のなかでそだつ子どもたち』 新曜社 2004年

厚生労働省 「保育所保育指針解説」 2018年

8コマ目

阿部明子・中田カヨ子編著 『幼児教育指導法——保育における援助の方法』 萌文書林 1999年

公益財団法人児童育成協会監修、清水益治・森俊之編集 『子どもの理解と援助』 中央法規出版 2019年

厚生労働省 「保育所保育指針」 2017年

内閣府・文部科学省・厚生労働省 「幼保連携型認定こども園教育・保育要領」 2017年

文部科学省 「幼稚園教育要領」 2017年

9コマ目

公益財団法人児童育成協会監修、清水益治・森俊之編集 『子どもの理解と援助』 中央法規出版 2019年

厚生労働省 「保育所保育指針解説」 2018年

小山朝子編著、亀﨑美沙子・善本眞弓 『講義で学ぶ 乳児保育』 わかば社 2019年

庄司順一・奥山眞紀子・久保田まり編著 『アタッチメント——子ども虐待・トラウマ・対象喪失・社会的養護をめぐって』 明石書店 2008年

高嶋景子・砂上史子編著 『子ども理解と援助』 ミネルヴァ書房 2019年

無藤隆・堀越紀香・丹羽さがの・古賀松香編著 『子どもの理解と援助——育ち・学びをとらえて支える』 光生館 2019年

10コマ目

河邉貴子　『遊びを中心とした保育——保育記録から読み解く「援助」と「展開」』　萌文書林　2005年

公益財団法人児童育成協会監修、千葉武夫・那須信樹編集　『教育・保育カリキュラム論』　中央法規出版　2019年

中澤潤・大野木裕明・南博文編著　『観察法』　北大路書房　1997年

松本峰雄監修、浅川繭子・新井祥文・小山朝子・才郷眞弓・松田清美　『保育の計画と評価演習ブック』　ミネルヴァ書房　2019年

11コマ目

一般財団法人滋慶教育科学研究所監修　『コミュニケーションスキルアップ検定』　滋慶出版　2018年

12コマ目

石川洋子編集　『子育て支援カウンセリング——幼稚園・保育所で行う保護者の心のサポート』　図書文化社　2008年

13コマ目

西本絹子・古屋喜美代・常田秀子　『子どもの臨床発達心理学——未来への育ちにつなげる理論と支援』　萌文書林　2018年

大石幸二監修、山崎晃史編著　『公認心理師・臨床心理士のための発達障害論——インクルージョンを基盤とした理解と支援』　学苑社　2019年

14コマ目

田中康雄監修　『イラスト図解 発達障害の子どもの心と行動がわかる本』　西東社　2014年

前田泰弘編著、立元真・中井靖・小笠原明子　『実践に生かす障害児保育・特別支援教育』　萌文書林　2019年

15コマ目

保育総合研究会監修　『平成30年度施行 新要領・指針 サポートブック——認定こども園教育・保育要領 保育所保育指針 幼稚園教育要領対応：全体的な計画の作成から実践まで』　世界文化社　2018年

武藤隆・汐見稔幸編　『イラストで読む！幼稚園教育要領 保育所保育指針 幼保連携型認定こども園教育・保育要領 はやわかりBOOK』　学陽書房　2017年

索 引

欧 文

監修者、執筆者紹介

●監修者

松本峰雄（まつもと　みねお）

元千葉敬愛短期大学現代子ども学科教授
『保育者のための子ども家庭福祉』（萌文書林）
『教育・保育・施設実習の手引』（編著・建帛社）
『はじめて学ぶ社会福祉』（共著・建帛社）

●執筆者（50音順）

伊藤雄一郎（いとう　ゆういちろう）

6、11、12コマ目を執筆
成田国際福祉専門学校非常勤講師

小山朝子（こやま　あさこ）

5、8～10コマ目を執筆
和洋女子大学人文学部准教授
『講義で学ぶ乳児保育』（編著・わかば社）
『教育・保育カリキュラム論』（共著・中央法規出版）

佐藤信雄（さとう　のぶお）

4、7コマ目を執筆
元北海道文教大学人間科学部教授
『保育方法論』（共著・樹村房）
『乳幼児のための心理学』（共著・保育出版社）

澁谷美枝子（しぶや　みえこ）

1～3コマ目を執筆
東京立正短期大学現代コミュニケーション学科教授
『勉強ぎらいの理解と教育』（共著・新曜社）

増南太志（ますなみ　たいじ）

13～15コマ目を執筆
埼玉学園大学人間学部教授
『発達障害の理解と支援のためのアセスメント』（共著・日本文化科学社）
『より深く理解できる施設実習』（共著・萌文書林）

村松良太（むらまつ　りょうた）

4、7コマ目を執筆
学校法人リズム学園あいおい子ども園園長

編集協力：株式会社桂樹社グループ
表紙イラスト：植木美江
イラスト：植木美江、寺平京子
装丁・デザイン：中田聡美
写真提供園：社会福祉法人しおん保育園　下里しおん保育園

よくわかる！保育士エクササイズ⑧

子どもの理解と援助 演習ブック

| 2021 年 3 月 10 日　初版第 1 刷発行 | 〈検印省略〉 |
| 2023 年 11 月 20 日　初版第 3 刷発行 | |

定価はカバーに
表示しています

監 修 者	松本　雄一郎
	本　峰一　郎子
	伊藤　雄朝　雄
著　　　者	小山　藤信　志
	佐藤　谷美枝　太
	澁谷　南太　良
	増南　松良　啓
	村松
発 行 者	杉田　啓三
印 刷 者	藤森　英夫

発行所　株式会社　ミネルヴァ書房

607-8494　京都市山科区日ノ岡堤谷町 1
電話代表　(075) 581 - 5191
振替口座　01020 - 0 - 8076

ⓒ松本・伊藤・小山・佐藤・澁谷・増南・村松, 2021　　亜細亜印刷

ISBN978-4-623-09067-9

Printed in Japan

よくわかる！
保育士エクササイズ

B5判／美装カバー

──────ミネルヴァ書房──────
https://www.minervashobo.co.jp/